L'ESPOIR
ÉCONOMIQUE

www.editions-jclattes.fr

Maria Nowak

L'ESPOIR ÉCONOMIQUE

De la microfinance
à l'entrepreneuriat social :
les ferments d'un monde nouveau

JC Lattès

ISBN : 978-2-7096-3460-1

À mes petits-enfants : Rafaëlle, Théo, Éléonore, Emma et Mathilde, pour les aider à bâtir un monde nouveau.

Sommaire

9

11

Introduction

Nous errons auprès des margelles dont on a sous-
trait les puits.

René Char

Rien de ce qui compte vraiment ne saurait ni se
prouver, ni se réfuter.

Miguel de Unamuno

*Où l'on explique la genèse de ce livre : le besoin
d'intégrer une action citoyenne menée au service de
l'entrepreneuriat populaire dans une vision globale de
l'économie et de la société et la conviction que la crise
que nous vivons est d'abord une crise de sens. Nous
n'arriverons pas à la surmonter sans retrouver les finalités de l'économie et sans réconcilier, avec la participation de tous, capitalisme et démocratie.*

Nous avons, dans une économie que l'on dit mondialisée, trois formes de capital à gérer : le capital humain, le capital naturel et le capital financier. Ce dernier a pris le pas sur les deux autres et, objectivement, nous ne nous en sortons pas très bien. Les deux tiers de l'humanité vivent dans la grande pauvreté. Les guerres, les famines, les violences urbaines explosent partout. Les ressources naturelles sont surexploitées, les catastrophes écologiques se multiplient et le réchauffement de la planète est une menace pour la survie de notre espèce. La crise financière, enfin, montre que nous sommes arrivés, dans ce domaine particulier, à un niveau de complexité, pour ne pas dire de perversité, qui n'est plus maîtrisable. La finance, qui est un moyen, est devenue un but. Au-delà de la récession économique et sociale, qu'il nous reste maintenant à surmonter, une nouvelle bulle financière peut exploser à tout moment. La planète Terre, la nôtre et celle de nos enfants, est devenue d'autant plus vulnérable que l'économie mondiale n'est plus cloisonnée à l'image d'une coque de bateau. Elle est devenue interdépendante. L'évolution démographique modifie les rapports de force entre les continents. Les crises économiques comme les désastres écologiques ne connaissent pas de frontières et les migrations s'amplifient, en dépit des mesures de protection prises par les pays riches.

Face à ces enjeux planétaires, chacun de nous se sent désarmé. L'objet de ce livre n'est pas de donner une recette magique pour résoudre tous les maux de la terre. Je ne suis pas philosophe, et bien qu'économiste, je me sens en rupture avec ceux qui considèrent l'économie comme une science exacte. Si cela était vrai, non seulement tous les économistes seraient riches, mais le monde ne connaîtrait pas de crises. Je fais partie d'une des dernières générations ayant connu la Seconde Guerre mondiale, le choc de deux totalitarismes, qui, bien que partis de points de vue opposés, étaient tous les deux fondés sur des idéologies détachées du réel et se confondaient dans leur mépris de l'humain. J'en ai gardé une méfiance profonde pour les idées classées à gauche ou à droite, qui ne respectent pas l'homme dans sa diversité et sa richesse. Je doute des paroles qui ne correspondent pas aux actes, et me méfie des actes qui se réclament du discours dominant sans référence à un fondement éthique. Née à Lwow, en Pologne, c'est-à-dire nulle part, dirait le roi Ubu, j'ai vécu, dans mon enfance, l'invasion russe, puis allemande, puis de nouveau russe, avant que la ville soit abandonnée à l'URSS par les accords de Yalta. Je suis arrivée en France à onze ans, sans parents et sans papiers, pour rejoindre un père qui, prisonnier des nazis pour cause de Résistance, ne pouvait rentrer en Pologne sans prendre le risque d'être fusillé, à titre préventif, par les communistes. J'ai connu la catastrophe absolue et les difficultés de survivre au quotidien. Je sais à quel point elles marquent à jamais la vie de ceux qui les ont subies et je souhaite les épargner à mes enfants et petits-enfants. De mon périple à travers la guerre, l'exil et la misère, j'ai gardé une grande tendresse pour tous ceux qui continuent de vivre l'enfer : les peuples sans paix, les paysans sans terre, les entrepreneurs sans capital, les jeunes sans avenir. Je me sens redevable envers eux. Je ne veux pas avoir survécu pour rien. Ce sentiment de dette a été sans doute la raison de mon engagement dans le développement des pays pauvres et dans celui du microcrédit. Cela m'a permis de rencontrer beaucoup de gens simples sans éducation et sans argent, mais dotés d'une grande sagesse et d'un formidable esprit d'entreprise et aussi des gens haut placés, qui, en plus de leur pouvoir et de leur richesse, se préoccupaient sincèrement des autres, même s'ils ne les connaissaient pas. C'est grâce à eux tous que j'ai pu avancer et je leur en suis profondément reconnaissante.

Voici donc le terreau de ce livre, dont le point de départ est une expérience concrète menée par des citoyens ordinaires au service de citoyens ordinaires, pour développer en France le microcrédit et l'entrepreneuriat populaire. Partie de l'initiative de trois bénévoles, sans capital, l'Association pour le droit à l'initiative économique (Adie) a pu financer et accompagner, en vingt et un ans, 85 000 chômeurs, allocataires des minima sociaux et travailleurs pauvres dans la création de leur entreprise. Sur la base des enseignements de cette expérience en vraie grandeur, elle a fait évoluer le cadre légal et institutionnel des microentreprises et du microcrédit, condition *sine qua non* de leur développement[1]. Cela ne change en rien l'équilibre du monde. Mais cela change le regard sur la capacité d'initiative des personnes les plus démunies et sur la capacité de solidarité de tous ceux qui nous ont aidés à donner à nos clients le coup de pouce dont ils avaient besoin. Cela montre aussi que chacun peut apporter une contribution, aussi limitée soit-elle, au bien commun, en mettant en cohérence ce qu'il croit et ce qu'il pense avec l'action dans laquelle il s'engage.

Pour ce qui concerne l'Adie, la mission que nous nous sommes donnée a été fondée sur trois convictions :

• La première est que tout homme et toute femme porte en soi une capacité d'invention, qui lui permet de créer son propre emploi, pour autant qu'il ait accès au capital et que l'environnement institutionnel le lui permette.

• La deuxième est que le microcrédit n'est pas un outil financier réservé aux pays pauvres. Il peut

---

1. Voir en annexe la fiche signalétique de l'Adie.

aussi devenir l'instrument financier d'une économie postindustrielle.

• La troisième, enfin, est que les personnes en difficulté remboursent leurs prêts et réussissent aussi bien que les autres.

Les hypothèses de départ se sont vérifiées tout au long des vingt dernières années. L'activité de crédit a connu une croissance annuelle de 15 à 30 % par an. L'association a pu nouer des partenariats avec les banques pour refinancer ses prêts et bénéficier de leur appui. Elle a reçu le soutien de l'État, des collectivités territoriales, de l'Europe et du secteur privé pour couvrir le coût de l'accompagnement des microentrepreneurs. Avec l'aide de ses partenaires, elle a pu faire passer des amendements législatifs en faveur du microcrédit et des microentreprises. Elle a permis, surtout, à un nombre significatif de personnes de se remettre debout et de réaliser leur rêve.

« Ce qui est déterminant, ce n'est pas ce qu'on regarde, mais d'où on le regarde », disait Teilhard de Chardin. Aussi, sans mésestimer l'importance des déséquilibres macroéconomiques mondiaux, il m'a paru intéressant de regarder l'économie et la société française à travers ce prisme particulier d'action citoyenne, qui est à la portée de chacun d'entre nous et qui combine ce qui manque le plus à notre pays : l'initiative et la solidarité. La première implique en effet une prise de risque, sans laquelle il n'y a pas de croissance, or le risque est mal vécu dans notre collectivité vieillissante où chacun a tendance à se replier sur ses acquis. La seconde ne peut être fondée sur la seule idée de préserver coûte que coûte notre modèle social sans prendre en compte les contraintes démographiques et financières d'un côté, le besoin de justice et de cohésion sociale de l'autre. Partie de ce point d'observation, j'ai voulu insérer cette action citoyenne dans une vision plus globale de l'économie et de la société, en revenant parfois à leurs racines, afin de mieux comprendre le présent, mais en tentant aussi de les projeter dans le temps. C'est un besoin auquel personne ne peut échapper en ces temps de crise, même si la vision reste imparfaite et inachevée, à l'image de nos connaissances, comme un puzzle dont on ne possède pas toutes les pièces. Convaincue, comme Hannah Arendt, que « la principale erreur est de croire que la Vérité est une conclusion à laquelle on arrive au terme d'un processus de réflexion. La Vérité, au contraire, est toujours le point de départ », je suis partie de trois idées :

• La première est du domaine des convictions. Je crois profondément qu'on ne peut réparer les dégâts de la crise sans clarifier les finalités de notre modèle de société. Ce n'est pas seulement un problème de régulation et de supervision du secteur financier, de rapports de force entre les vieux pays et les pays

21

émergents, du rôle respectif du public et du privé. C'est, avant tout, une vision humaniste, commune de la France et du monde, tels que nous voulons les laisser à nos enfants, un monde aux mille richesses, dont l'argent ne constitue qu'une petite part.

• La deuxième est le constat que cet exercice difficile passe par la réconciliation de la démocratie et du capitalisme, même si leur alliance semble *a priori* aussi improbable que celle de l'eau dont la surface est toujours horizontale et celle du sable qui forme naturellement une pyramide. En ajoutant du ciment, l'eau et le sable arrivent pourtant à s'allier efficacement pour permettre de fabriquer du mortier et du béton et de construire des édifices durables.

• La troisième est que cette alliance nécessaire ne peut être réalisée par les instances politiques ou économiques, dépassées par la mondialisation, mais par les citoyens eux-mêmes. Chaque être humain a une place dans la société et un rôle à jouer dans l'histoire de l'humanité. Quand bien même l'action de chacun d'entre nous semble dérisoire, elle apporte une contribution à la vie de la collectivité et aux grandes mutations de l'histoire, qui se préparent, à petits pas, pendant des dizaines ou des centaines d'années, pour basculer de façon imprévisible. Dans un monde où les progrès de la science changent constamment la donne, mais aussi dans un monde de plus en plus virtuel, où la puissance de la communication nous entraîne dans telle ou telle direction sans qu'on y croie vraiment, les expériences concrètes, en vraie grandeur, qu'elles soient menées dans le cadre des politiques publiques, des grandes entreprises ou des initiatives citoyennes, ont un effet de démonstration indiscutable. Elles ne sont pas la garantie, mais peuvent être le ferment d'un monde nouveau.

Le ciment qu'il nous reste à découvrir pour allier démocratie et capitalisme a sans doute plusieurs composantes :

• La nécessité qui fait loi est l'état d'une France qui va dans le mur, avec une nation qui a perdu confiance dans son avenir, une économie en mutation depuis trente ans qui est durement touchée par la crise, un État surendetté, sans marge de manœuvre, et un modèle social remis en cause par le chômage structurel, le poids croissant des dépenses liées au vieillissement de la population et le déficit global de la protection sociale.

• Les contraintes d'une mondialisation désormais irréversible mais dont les bases paraissent fragiles face aux enjeux d'un développement durable combinant le développement humain et la protection de l'environnement.

• Les enseignements de la crise qui a secoué les certitudes et les consciences et fait payer à ceux qui n'y étaient pour rien les défauts d'un système

capitaliste débridé et déconnecté de toute préoccupation de bien commun.

• Mais aussi les espoirs que font naître les
nouvelles approches d'entrepreneuriat social et de
microfinance, qui mettent l'homme au centre de
leur action, sans négliger les performances économiques, condition *sine qua non* de la justice sociale.

I

LA CITÉ EN CRISE

Ce qui est tordu ne peut être droit, ce qui
manque ne peut être compté.

L'Ecclésiaste

1.

La crise des idées et des valeurs

La situation devient sérieuse lorsque l'entreprise n'est plus qu'une bulle d'air dans le tourbillon spéculatif.

John M. Keynes

Où l'on revient vers les fondements de l'économie et les certitudes qui vacillent : la dérive du capitalisme, le partage de valeur entre le travail et le capital, la transformation de l'entrepreneur en manager et le lien entre intérêt public et privé. Parmi les certitudes nouvelles, la mondialisation, qui est désormais irréversible, ne peut exclure durablement les plus pauvres.

La crise sert de révélateur

Après l'effondrement de l'économie centralisée, qui a levé le dernier obstacle à la mondialisation, la crise que nous vivons ne fait qu'exacerber tous les déséquilibres et dérives de notre société. Elle les rend plus visibles, ce qui pourrait permettre de les corriger plus facilement. Mais une fois le premier choc passé, la menace de l'effondrement du système financier écartée, le jeu des pouvoirs et des intérêts repart comme avant. Les grands de ce monde tentent de corriger les effets de la crise sans remettre en cause ses racines. Un peu plus de régulation et de supervision pour satisfaire les autorités financières. On sait que cela ne suffit pas car, l'expérience le prouve, rien n'est plus facile que de les contourner. Un coup de chapeau vers l'opinion publique en fustigeant les bonus des traders et les rémunérations astronomiques des patrons. Une larme, mais pas plus, pour les plus démunis : à force de compter en millions de milliards, le dollar par jour qui constitue le revenu d'une grande partie de la population du globe a perdu sa capacité évocatrice. Les pauvres sont les premières victimes d'une crise dont ils ne sont d'aucune façon responsables, mais on prendra soin de ne pas trop y penser pour ne pas brouiller la vision des économistes et des financiers qui sont à la manœuvre.

Tout se passe, en fait, comme si cette bulle financière, au lieu de crever une fois pour toutes, entraînait la planète Terre vers un monde virtuel, où seule la « classe affaires » a le droit de pénétrer. Un monde virtuel où, comme dans les contes de fées, les arbres produisent des billets de banque, les poules pondent des œufs d'or et le miel de la réussite coule dans les rivières. Il suffit de tendre la main pour s'enrichir et de se pencher pour étancher sa soif de reconnaissance sociale. Qu'importe, pour ceux qui sont au paradis, le sort de ceux qui subissent l'enfer, même si le paradis est frelaté et que l'enfer connaît des instants de bonheur.

Alors avant de parler des solutions, ou de tourner la page comme si de rien n'était, ne faut-il pas revenir à quelques idées qui constituent les fondements de notre économie et de notre société ?

L'économie et l'éthique

Le mot « économie » vient du grec ancien *oikonomia* (« gestion de la maison »), liant les mots *oîkos* (« maison ») et *nomos* (« loi »).

La gestion d'une communauté plus large comportant, comme celle d'un foyer, la production, la distribution, l'échange et la consommation de biens et services s'inscrit nécessairement dans un cadre, qui est d'abord éthique.

En incitant à œuvrer pendant six jours de la semaine, à l'exception du jour du Seigneur, à ne pas voler et à ne pas convoiter le bien d'autrui, le Décalogue reconnaît la propriété privée et incite chacun à apporter une contribution active à la collectivité. Il fait en même temps de Dieu l'arbitre suprême, qui peut punir ceux qui ne respectent pas les tables de la Loi. Bien qu'elles puissent varier, les règles sont nécessaires, tout comme l'arbitre, au bon fonctionnement d'un système économique et, pour que celui-ci ne soulève pas des vagues de contestation et de violence, il faut, en plus, qu'il combine efficacité et justice.

Faisons un grand saut de Moïse à Adam Smith. L'économie de marché est toujours fondée sur la propriété privée. La main invisible du marché améliore l'efficacité économique, mais contrairement à ce que l'on croit souvent, elle n'est nullement laissée à elle-même. L'arbitre n'est plus Dieu mais l'État, qui défend l'intérêt général et protège les plus faibles contre les abus des forts. Plus que cela : Adam Smith, fondateur du libéralisme, que l'on affuble souvent d'épithète « sauvage », est d'abord un homme intéressé par l'éthique, auteur de *La Théorie des sentiments moraux* dont le chapitre III, intitulé « De la corruption de nos sentiments moraux », commence par cette phrase : « Cette disposition à admirer, et presque à vénérer, les riches et les puissants, ainsi qu'à mépriser ou

du moins à négliger les personnes pauvres et
d'humble condition, quoique nécessaire, à la fois,
pour établir et pour maintenir la distinction des
rangs et l'ordre de la société, est en même temps la
cause la plus grande et la plus universelle de la
corruption de nos sentiments moraux. Les mora-
listes de toutes les époques se sont plaints que la
richesse et la grandeur soient souvent regardées avec
le respect et l'admiration seulement dus à la sagesse
et à la vertu, et que le mépris, dont le vice et la folie
sont les seuls objets convenables, soit souvent très
injustement attaché à la pauvreté et à la faiblesse. »

Le lien entre l'économie et la morale sociale
présent dans ce qu'on appelait dans ma jeunesse
« l'économie politique » se perd, à la fin du
XIXᵉ siècle, à mesure que l'économie devient plus
mathématique et prétend devenir une science et que
le capitalisme s'enferme dans la seule règle du profit.
Pourtant, dans un mouvement de balancement,
fréquent dans l'histoire des idées, la morale sociale
réapparaît dans la pensée économique comme dans
les préoccupations concrètes des entreprises. À la
suite d'Amartya Sen et de ses travaux sur le développement humain qui ont permis au PNUD[1] de
mettre au point un indicateur de développement
humain, prenant en compte l'espérance de vie, le

1. Programme des Nations unies pour le développement.

niveau d'éducation, le niveau et la qualité de vie, Patrick Viveret[1] dénonce les points aveugles de la comptabilité nationale, tant sur le plan éthique (seul ce qui est solvable a une valeur économique), que sur les plans écologique (les biens naturels sont gratuits, alors qu'ils sont de plus en plus rares) et politique (une démocratie réduite par les excès du capitalisme). Il critique le mode de calcul du PIB[2] qui additionne toutes les activités générant des flux monétaires, y compris celles qui entraînent la destruction de la richesse. Plus récemment, le rapport Stiglitz[3] suit la même voie en tentant de compléter les insuffisances du PIB à travers douze recommandations, fondées sur la prise en compte de différents indicateurs liés au revenu des ménages, à la qualité de vie et au développement durable. Même si nous ne savons pas encore évaluer la valeur de l'environnement et du bien-être, les propositions vont dans la bonne direction, parce qu'elles s'intéressent à l'homme, aux inégalités sociales, à l'avenir. La préoccupation éthique apparaît aussi, concrètement, dans la communication, et, parfois, la stratégie des entreprises à travers la prise en compte de leur responsabilité sociale et environnementale.

---

1. Patrick Viveret, *Reconsidérer la richesse.* (Résumé du rapport d'étape au secrétaire d'État à l'Économie solidaire.)

2. Produit Intérieur Brut.

3. « Commission sur la mesure des performances économiques et du progrès social », septembre 2009.

Aussi schématique qu'il soit, ce raccourci historique permet de constater que nous sommes aujourd'hui dans une situation de rupture entre les valeurs de développement humain que nous continuons à proclamer, la pensée économique, qui voltige autour, avec un fort penchant pour les approches mathématiques, qui lui permettent de s'abstraire au maximum de toute recherche et de toute interprétation qualitative, et la réalité de l'économie mondialisée qui, faute d'arbitre et faute de règles, sert l'intérêt de quelques-uns, sans tenir compte, dans bien des cas, de l'intérêt général. Comme le dit Patrick Viveret, nous continuons de passer « d'un univers où ce qui a de la valeur n'a pas de prix, pour rentrer dans un autre où ce qui n'a pas de prix n'a pas vraiment de valeur ».

Les dangers de l'argent sans maître

L'argent s'est dématérialisé. Il fut un temps où, au-delà du troc pur et simple, il était symbolisé par des biens réels : bétail dans la Grèce ancienne, graines de cacao dans le pays maya ou coquillages sur la côte de l'Inde. Les opérations financières se sont, elles aussi, dématérialisées et ne visent plus, pour une large part, l'économie réelle. L'argent qui était soumis à l'ordre éthique et politique s'est libéré comme le génie de la lampe d'Aladin et fonctionne désormais suivant ses propres critères. Alors qu'il était moteur du progrès économique et l'outil de la démocratie dont le pouvoir politique maîtrisait plus ou moins les excès, il suit désormais son propre chemin qui s'oriente dangereusement vers la concentration des profits aux mains de ceux qui se trouvent aux postes de commande plutôt qu'aux mains de tous les acteurs économiques. C'est le règne de « l'argent sans maître »[1], qui fait de la crise de 2008 un événement aussi crucial que l'effondrement de l'économie socialiste au début des années 1990, car cette crise symbolise les dangers de la mutation de l'économie du marché vers un capitalisme s'affranchissant de toutes les règles, à commencer par celles de la démocratie. L'économie planifiée est morte d'inanition. L'économie de marché risque de mourir d'une mort violente. Comme l'explique Charles-Henri Filippi, la cupidité, qui était un vice individuel auquel chacun de nous pouvait succomber, est devenue systémique : « L'armée des épargnants offre ses économies au système, comme une facilité abondante et mal payée, mais supposée être disponible et sûre. Les corps de l'élite mondialisée captent cette dette et l'adossent à une dose de capitaux propres aussi limitée que possible, de sorte que, par un merveilleux effet de levier, la rentabilité de ces capitaux

---

1. Charles-Henri Filippi, *L'Argent sans maître*, Éditions Descartes et Compagnie, 2009.

dépasse ce qu'aucune activité économique ne pourrait normalement offrir. » Ainsi, sans même nous en apercevoir, nous sommes tous complices du système. Aussi longtemps qu'il ne s'effondre pas, non seulement les financiers, mais aussi les épargnants, les futurs retraités, vous et moi, nous voulons que nos économies produisent des intérêts, que bien évidemment nous ne serions pas prêts à payer, si nous devions emprunter de l'argent. En même temps, la diversité des institutions, qui est un facteur de limitation des risques, se trouve restreinte par la volonté de tous les acteurs financiers de jouer dans la même cour. Ce phénomène est bien expliqué par Daniel Cohen[1] : « Dans le cas des marchés financiers, l'uniformisation des comportements a été la règle. Tous les acteurs ont voulu faire la même chose ; les crédits coopératifs ont voulu devenir des banques ; les banques commerciales ont voulu devenir des banques d'investissement ; les banques d'investissement ont voulu devenir des fonds spéculatifs, des *hedge funds*. Plus personne n'était à même de juger de l'extérieur la pertinence des stratégies adoptées. Et tous ont succombé en même temps à la même maladie. Nous en sommes là. Le capitalisme-monde s'impose désormais comme la civilisation qui se substitue à toutes les autres, sans regard extérieur pour juger de sa

---

1. Daniel Cohen, *La Prospérité du vice*, Albin Michel, 2009.

pertinence. L'interconnexion économique et culturelle est devenue la règle et soumet chacun au risque d'un dysfonctionnement global. » Cette analyse peut être complétée par celle d'André Orléan[1], qui explique le mimétisme des acteurs par la différence fondamentale entre le marché des marchandises et le marché d'actifs, dont la hausse attire la demande au lieu de l'orienter à la baisse. La solution du problème doit être cherchée, dès lors, non pas dans la transparence, mais dans la segmentation des marchés, permettant de lutter contre le réflexe « moutons de Panurge » des marchés financiers. Cette segmentation peut se faire notamment par une séparation entre la banque de dépôt et la banque d'investissement, comme cela a été envisagé aux États-Unis, en s'inspirant de la législation promulguée après la crise de 1929[2]. Quelle que soit la solution choisie, la crise a démontré que le marché financier ne peut se réguler tout seul et que le rôle de l'État ne peut se limiter, *ex post facto*, à la seule couverture des pertes. Face à ce constat, la réforme de Wall Street, votée en juillet 2010, n'est qu'un pas dans la bonne direction. Elle limite la prise de risque et apporte plus de transparence dans le fonctionnement des banques. Les mesures envisagées initialement par Barack Obama se

---

1. André Orléan, *De l'euphorie à la panique : penser la crise financière*, Éditions de la rue d'Ulm, Cepremap.
2. Glass Steagal Act de 1933.

retrouvent, cependant, sérieusement édulcorées par le lobby bancaire, qui est arrivé à bloquer le renforcement effectif des autorités de régulation et la création d'un fonds de liquidation d'autant plus importante que la concentration des banques s'est encore accrue depuis la crise.

La finance à la recherche du sens

Ce qui était jadis le rêve des alchimistes – transformer le métal en or – est devenu une réalité virtuelle – transformer quelques fractions de secondes de décalage en profit. Si, aujourd'hui, cette transformation est faite par les traders, demain elle pourrait être faite par des robots. À l'intérieur des limites qui lui sont fixées, l'intelligence artificielle est plus rapide que celle de l'homme. Les robots feront d'immenses profits en jouant à l'aide des martingales savantes notre argent. Le peuple des fourmis continuera de trimer pour vivre et payer, le cas échéant, les pertes des joueurs. Ce ne sont pas seulement les banques d'affaires qui risquent de se séparer des banques de dépôt, c'est la sphère de l'économie virtuelle qui risque de se détacher plus encore de l'économie réelle, quitte à exploser de nouveau, en causant de nouveaux dégâts.

Les efforts louables du G20 pour introduire un peu de régulation dans la finance mondiale et ceux de l'Union européenne pour réglementer les *hedge funds* et pour créer un fonds de stabilisation européen restent peu compréhensibles par le commun des mortels. Comment comprendre, en effet, le paradoxe de la régulation, qui impose aux banques des normes prudentielles très strictes, mais ne se préoccupe pas de la titrisation, qui permet au risque de s'échapper et de se diluer de telle sorte que plus personne n'est en mesure de le contrôler ? Comment accepter que les régulateurs fondent leur doctrine sur la protection de l'épargne, refusant par prudence de permettre sa collecte aux institutions non bancaires, mais se laissent gruger par le vieux modèle pyramidal de Madoff, pour une somme astronomique de 50 milliards de dollars ? Comment admettre que le rôle du crédit dans l'économie soit clairement établi, mais que sa diffusion ne prenne en compte que le haut de la pyramide économique, laissant un milliard et demi de clients potentiels sans accès aux moyens de financement, alors que le risque du microcrédit semble dérisoire par rapport à celui de la grande finance ?

Ce qui peut être compris, en revanche, par l'opinion publique, c'est la nécessité de donner un sens à la finance en faisant entrer parmi les objectifs de la Banque centrale européenne la croissance et l'emploi, comme c'est déjà le cas de la Réserve fédérale aux États-Unis et, plus important encore, en respectant ces objectifs. Il est certes difficile d'imaginer que la finance internationale puisse fermer ses salles de marché et se consacrer au seul financement de l'économie réelle, qui, d'ailleurs, ne serait sans doute pas en mesure d'absorber toutes les liquidités des fonds de retraite. Mais il est possible d'améliorer l'équilibre entre les deux, en différenciant l'exigence des fonds propres entre la finance au service de l'économie réelle et la finance spéculative et en taxant, d'une façon ou d'une autre, les transactions spéculatives au bénéfice des investissements d'intérêt général. Ceux qui ont inventé le système abominablement complexe des produits dérivés, si complexe que personne n'est véritablement capable de l'expliquer, devraient être condamnés à inventer un système simple permettant ne pas se laisser piéger une nouvelle fois par la bulle financière [1].

Le mystère de la création de la richesse

Nous le savons tous : la création de richesses résulte de la combinaison du capital et du travail. Mais la question est, depuis toujours, la même : qui doit en bénéficier en premier lieu ? Pour Adam Smith, « c'est le capital qu'on emploie en vue de

---

1. Cette incapacité est joyeusement raillée dans le film de Michael Moore, *Capitalism, a love story.*

retirer du profit qui met en mouvement la plus grande partie d'une société ». Cette position correspond à la logique du capitalisme, sanctionnée, à la fin du XIXᵉ siècle, par la création de la société des capitaux. Il n'a pas fallu attendre Marx et la théorie de la plus-value pour considérer que le système confisque une part indue de la valeur créée. Il y a mille ans déjà, l'évêque Adalbéron de Laon écrivait au roi de France : « Le maître est nourri par le serf, lui qui prétend le nourrir. Et le serf ne voit pas la fin de ses larmes et de ses soupirs. » Le problème de la prééminence du capital ou du travail ne peut être réglé que par un juste équilibre entre les deux facteurs. Or la définition de cet équilibre est d'autant plus ardue que leur configuration et leur force respective varient dans le temps comme dans l'espace, en fonction de l'innovation, qui, comme l'avait prévu Schumpeter, joue désormais un rôle prédominant dans l'économie, sans être, pour autant, facilement cernable à l'avance.

Ainsi, la nouvelle économie est fondée désormais sur une part croissante de recherche et développement, qui précède la phase de production et de distribution et cette phase de création de biens immatériels échappe au partage traditionnel de la valeur au sein de l'entreprise. Comme le fait remarquer Daniel Cohen, les technologies de pointe, qui sont la base de la nouvelle économie, donnent lieu à une rente de situation comparable à la rente de la terre, qui caractérisait l'économie agricole, avant la révolution industrielle. Cette rente de situation est d'autant plus importante que le marché est planétaire. Elle favorise la création de monopoles et, en prélevant une part importante du résultat des entreprises, elle limite le montant qui reste à partager entre le travail et le capital, au niveau de la production et de la distribution matérielle des produits et des services, au désavantage des salariés. La monopolisation du progrès technique, qui est lui-même un moteur de la croissance, peut ainsi avoir un effet négatif sur la rémunération des travailleurs moins qualifiés, comme il l'a sur la diffusion des biens essentiels, tels que les médicaments ou les semences.

L'effet de la mondialisation s'ajoutant à celui de la dématérialisation de l'économie complique encore la donne. Dans le cadre de l'économie industrielle, le développement du syndicalisme a permis progressivement de mieux protéger la classe ouvrière. Mais voilà que la classe ouvrière se désintègre avec la désindustrialisation et que la protection sociale devient inadaptée sinon inopérante. En rompant les amarres nationales, la mondialisation renforce le poids du capital et montre à quel point le slogan « Travailleurs de tous les pays, unissez-vous ! » est difficile à mettre en œuvre. Les ouvriers français et thaïlandais sont désormais mis en concurrence, à l'image des produits qu'ils fabriquent. Le marché international fait exploser l'équilibre des forces entre le capital et le travail. Il rompt le lien personnel entre les patrons et les salariés de l'usine lorsque ceux-ci se trouvent à deux bouts du monde et réduit la responsabilité humaine des managers volants des entreprises multinationales, jugés sur le seul critère commun du profit. Alors que les uns continuent, avec plus ou moins de fidélité, les pratiques anciennes, d'autres se sont engouffrés avec ou sans retenue dans une course effrénée au profit, qui, en toute logique, ne peut être le seul critère de l'activité humaine. Nous entrons, comme l'explique Pierre-Yves Gomez, directeur de l'Institut français du gouvernement des entreprises, dans un capitalisme à irresponsabilité illimitée[1], dû à la contradiction entre les deux règles d'or du capitalisme. La première est le lien entre la responsabilité et le risque encouru. Elle a été respectée jusqu'à la fin du XIXᵉ siècle, lorsque les entreprises étaient suffisamment petites pour que le risque pris par l'entrepreneur puisse être garanti par sa fortune privée. La seconde est l'accumulation du capital, qui permet d'éliminer les concurrents et de maximiser les profits. Le remplacement, au début de XXᵉ siècle, de la société en commandite par la société anonyme, qui limite le risque aux apports de chacun,

---

1. *Le Monde* du 16 février 2010.

correspond bien à l'évolution de l'économie, mais rompt le lien entre la responsabilité et le risque encouru par les dirigeants et les actionnaires, le transférant aux salariés et le cas échéant aux contribuables, sous prétexte que la faillite d'une très grande entreprise ferait trop de dégâts au niveau de la collectivité.

La vision statistique de cette évolution est donnée par le rapport Cotis[1] qui constate un relative stabilité entre 1980 et 2007 de la part des rémunérations du travail, qui correspond en gros aux deux tiers de la valeur ajoutée. En même temps, par suite de la faiblesse de la croissance, de la hausse de la part salariale affectée à la protection sociale et de la montée du travail précaire, la croissance des salaires nets en France est très faible (moins de 1 % en termes réels). Elle est, de plus, absorbée, pour l'essentiel, par les hauts salaires[2]. Le sentiment de déclassement des classes moyennes, glissant progressivement vers le bas de l'échelle et fortement

---

1. « Partage de la valeur ajoutée, partage des profits et écarts des rémunérations en France », rapport de la mission présidée par Jean-Philippe Cotis, directeur général de l'Insee, remis au président de la République le 13 mai 2009.
2. En effet, en 2006, le 1 % des salariés à temps complet les mieux rémunérés (chefs d'entreprise, cadres ou sportifs de haut niveau), soit 130 000 personnes, ont bénéficié d'un salaire brut de 119 000 euros, soit près de cinq fois le salaire médian et 1‰, soit 13 000, ont perçu 297 600 euros (non compris les stock-options, l'intéressement et les revenus financiers).

distancées par le haut, se trouve renforcé par l'importance des dividendes versés, qui ont pratiquement doublé depuis une dizaine d'années [1]. En fin de compte, entre 1998 et 2005, les revenus des plus riches ont augmenté près de dix fois plus vite que ceux de l'immense majorité de la population [2] ! C'est « l'effet sablier » décrit par Jean-Marc Vittori, qui prédit la disparition des classes moyennes entre, en bas, les marginaux, les précaires se rapprochant des petits salariés et des petits commerçants et, en haut, la grande bourgeoisie et les élites de la nouvelle économie [3].

En prolongement de ces chiffres arides, le changement majeur, qui traduit aussi l'évolution du rapport des forces entre patrons et salariés, est le transfert du risque du capital au travail. Comme le relève Philippe Askenazy : « Les chocs économiques étaient autrefois absorbés par le capital (le risque conjoncturel pesait sur le capital, selon un pacte scellé pendant les Trente Glorieuses), mais ce n'est plus le cas : aujourd'hui, le capital conserve la même

---

1. Les dividendes ont représenté 16 % des profits bruts (excédent brut d'exploitation) en 2007, contre 7 % en 1993.
2. D'après les travaux de Camille Landais (2008), pendant cette période, les revenus du 0,01 % des foyers fiscaux les plus riches ont augmenté de 42,6 %, tandis que ceux des 90 % les moins riches ne progressaient que de 4,6 %.
3. Jean-Marc Vittori, *L'Effet sablier*, Grasset, 2009.

part, même en période de crise. La précarité du travail protège le capital des aléas... »

Très naturellement, l'analyse marxiste de la plus-value créée par le travail a été récupérée par le capital. La création de valeur se rapporte aujourd'hui aux bénéfices distribués aux actionnaires. En dépit des conditions de travail infiniment supérieures à celles qui prévalaient aux débuts de la révolution industrielle, les salariés vivent dans le stress, au sein des grandes entreprises soumises à la loi du profit, renforcée par une compétition exacerbée. D'après l'OIT [1], les coûts générés par ce stress, dans les pays développés, s'élèvent à 3 % du PIB. Les employeurs sont désormais obligés de trouver du sens en dehors de l'entreprise, pour motiver leurs collaborateurs. Une part croissante de jeunes souhaite non plus être salariée, mais se mettre à son compte, en rapprochant le capital et le travail.

Le rôle de l'entrepreneur

Alors qu'on en a plus que jamais besoin, l'image de l'entrepreneur est aujourd'hui ternie par les excès de quelques-uns, fruit d'un système capitaliste libéré de tout contrôle et de toute vision commune

---

1. Organisation internationale du travail.

d'intérêt public. L'appât du gain, en soi, n'a rien de nouveau. Il illustre toute l'histoire économique. Comme l'écrit Max Weber : « L'*auri sacra fames*[1] est vieille comme ce que nous connaissons de l'histoire de l'humanité, mais nous verrons que ceux qui ont cédé à cette pulsion – par exemple ce capitaine hollandais que l'appât du gain incitait à traverser les Enfers, au risque de se brûler les voiles – n'étaient aucunement les représentants de la mentalité qui a donné naissance à l'esprit capitaliste spécifiquement moderne, comme phénomène de masse[2]. »

Le profil de l'entrepreneur s'est modifié profondément depuis deux siècles. Le capitalisme familial des petits patrons a été remplacé par le capitalisme industriel de Henry Ford, puis par le capitalisme financier d'aujourd'hui. Dans le capitalisme familial, décrit par Max Weber et marqué par l'éthique protestante, cet esprit était lié à la maîtrise d'un métier et à un certain ascétisme personnel. Dans le capitalisme industriel, il était lié à l'apport du capital de l'entreprise et à la prise de risque sur la fortune personnelle de l'entrepreneur. L'écart des salaires était déjà large, mais il paraît aujourd'hui dérisoire : pour Henry Ford, il ne devait pas dépasser 1 à 40. Dans le capitalisme financier, cet écart peut atteindre des fossés vertigineux : de

---

1. Sacrée faim d'or.
2. Max Weber, *L'Éthique protestante et l'Esprit du capitalisme*.

l'ordre de 1 à 200 ou 400. Il est vrai qu'entre-
temps les grandes entreprises ont encore grandi et
que les entrepreneurs qui prenaient le risque sur
leur fortune personnelle et dirigeaient eux-mêmes
l'entreprise ont largement disparu. Côté capital, ils
ont été remplacés par des actionnaires, qui portent
un risque limité, correspondant à leur part d'investissement et qui, compte tenu du fractionnement du
capital, ne détiennent pas vraiment le pouvoir. Ils le
délèguent, en règle générale, aux gestionnaires de
patrimoine ou à des fonds de pension, qui dictent
leurs exigences aux entreprises. Côté responsabilité,
ces entrepreneurs ont été remplacés par des adminis-
trateurs et, le cas échéant, un manager, qui ne prend
aucun risque. Il gère une société qui ne lui appar-
tient pas et touche, à côté de son salaire, des bonus
et des stock-options. S'il quitte l'entreprise, il peut
bénéficier d'un parachute doré, indépendamment
du degré de sa réussite ou de son échec. À force
de vivre dans un brouillard d'argent, on perd les
repères : Pierre Bilger, qui, en août 2003, fut le
premier grand patron français à rendre son indemnité de départ de 4 millions d'euros, se demande
encore comment il avait pu l'accepter[1].

La séparation de la responsabilité et du risque,
la propension des entreprises à accorder aux

---

1. Revue *Acteurs de l'économie*, octobre 2009.

actionnaires des dividendes élevés, le report d'une partie du risque de l'entreprise sur le travail, qui sert de variable d'ajustement, peut favoriser des situations de rupture entre le patron et les salariés. L'amélioration de ces relations doit venir des entrepreneurs eux-mêmes, dont la grande majorité reste, heureusement, insensible à cette frénésie de l'argent. Un patron de PME me disait que la majorité de ses collègues gagnent 5 000 euros par mois. Son entreprise, à lui, faisait un bénéfice de 40 000 euros par an qu'il gardait pour investir. Il avait acheté les installations il y a vingt ans pour un prix dérisoire et il s'interrogeait s'il était juste qu'il soit seul, à présent, à bénéficier de la plus-value, alors que ses salariés étaient présents dans l'entreprise depuis le début. Le salaire moyen des patrons de PME est bien de cet ordre, et si 66 % des Français considèrent que les rémunérations des dirigeants des grandes entreprises sont excessives, 63 % pensent que celles des patrons des PME sont normales[1]. Dans l'encyclique Centisimus Annus, Jean-Paul II rend hommage aux chefs d'entreprise « parce qu'ils prennent des risques, donnent d'eux-mêmes ». Cela reste vrai d'une grande majorité d'entre eux et l'on voit mal, d'ailleurs, comment l'économie de marché pourrait fonctionner, si cela n'était pas le cas. Mais il y a ceux qui profitent et ceux qui, sans vouloir

---

1. Sondage d'Enov Research réalisé en juillet 2009.

véritablement profiter du système, se laissent entraîner par les autres. Aussi, au-delà des mesures ponctuelles, d'une efficacité douteuse sur l'imposition des bonus des traders, il faut peut-être aller plus loin, en fixant des règles légales, qui aident à maîtriser les excès, en donnant, par exemple, le droit aux actionnaires de fixer les rémunérations des dirigeants et en régulant les écarts de salaires par les impôts, comme le fit Franklin Roosevelt, après la crise de 1929 [1].

L'intérêt privé et l'intérêt général

À côté de la dégradation du rôle et de l'image de l'entreprise, due aux excès de quelques-uns, ce qui paraît plus grave, c'est la confusion permanente entre l'intérêt privé et l'intérêt général, liée, elle aussi, à la mondialisation, qui pousse les entreprises à se développer, tout en les détachant du cadre national, ce qui, dans les deux cas, change l'équilibre des pouvoirs avec les gouvernements.

En étudiant la nature et les causes de la richesse des nations, Adam Smith, dont l'œuvre reste, suivant l'expression de Christian de Boissieu, « la matrice de la science économique moderne », divise

---

1. Voir les articles de Philippe Askenazy et de Pierre Bilger parus dans *Acteurs de l'économie* d'octobre 2009, en lien avec les Entretiens de Valpré du 6 octobre 2009.

les revenus entre la rente de la terre, les salaires et les profits, qui bénéficient à trois classes de population, qui sont en définitive « les classes primitives et constituantes de toute société civilisée ». Si l'intérêt des deux premières classes est inséparablement lié à l'intérêt de la société, il n'en est pas de même pour la troisième. En effet « le taux de profit ne hausse point, comme la rente et les salaires, avec la prospérité de la société et ne tombe pas avec sa décadence ». Même si Adam Smith reconnaît plus de « subtilité dans l'entendement » à ceux qui emploient des plus gros capitaux, il constate que « comme leur intelligence s'exerce ordinairement plus sur ce qui concerne l'intérêt de leur branche particulière d'affaires dont ils se mêlent, que sur ce qui touche le bien général de la société, leur avis, en le supposant donné de la meilleure foi du monde (ce qui n'est pas toujours le cas), sera beaucoup plus sujet à l'influence du premier de ces deux sujets qu'à celle de l'autre.

Et il conclut avec force : « Toute proposition d'une loi nouvelle ou d'un règlement nouveau qui vient de la part de cette classe de gens doit toujours être reçue avec la plus grande défiance, et ne doit jamais être adoptée qu'après un long et sérieux examen, auquel il faut apporter, je ne dis pas seulement la plus scrupuleuse, mais la plus soupçonneuse attention. Cette proposition vient d'une classe de gens dont l'intérêt ne saurait jamais être exactement

le même que l'intérêt de la société, qui ont généralement intérêt à tromper le public, et même à le
surcharger, et qui, en conséquence, ont déjà fait l'un
et l'autre en beaucoup d'occasions. »

Mis à part l'anachronisme de la rente foncière,
dans les pays industrialisés, ce texte pourrait s'appliquer tel quel à la situation actuelle. La mondialisation a propulsé les grandes entreprises au niveau
international, alors que l'État est resté attaché aux
frontières nationales et que la gouvernance
mondiale n'en est qu'à ses premiers balbutiements.
Les gouvernements ont beau gesticuler, il n'ont plus
la main sur les entreprises. La consanguinité de
l'administration et de la finance a fait le reste. Dans
la plupart des pays, les décideurs politiques, économiques et financiers sortent des mêmes écoles,
passent de l'administration dans les cabinets ministériels et des cabinets ministériels dans le secteur
privé, ou des hautes fonctions dans le secteur privé
à des postes ministériels. Ils ne connaissent la réalité
de la vie du peuple qu'à travers des livres, des statistiques, un bref stage dans l'entreprise ou dans
l'administration. Qu'ils le veuillent ou non et quel
que soit leur talent, par ailleurs indéniable, leur
esprit est programmé dans le sens du politiquement
correct et le politiquement correct en ce début du
XXIe siècle, en dépit de la crise financière, dont les
soubresauts sont loin d'être finis et dont les consé-
quences économiques et sociales n'en finissent pas

51

de faire des vagues, c'est de faire des profits pour croître et de croître pour faire des profits. Il y a une sorte de délégation tacite du pouvoir politique au pouvoir économique, facilitée par ce cadre de pensée très proche. Et, comme on a pu le voir dans le cas de la Grèce, le rôle de l'État providence (c'est-à-dire des contribuables) à l'égard des travailleurs rejetés par l'économie de marché s'étend désormais aux pays victimes de leur propre légèreté et des abus de la finance. Appliquons le jugement d'Adam Smith au cas de deux pays en déroute, qui ne seront peut-être pas les derniers. L'Islande, un pays ruiné par la spéculation de trois banques privées, qui ont incité les gens à s'endetter en devises, alors que leur monnaie était surévaluée, pour investir à l'étranger. Le gouvernement social-démocrate porté au pouvoir dans l'espoir qu'il protégerait les citoyens des spéculateurs demande aux contribuables d'indemniser les clients étrangers d'une des banques, redevenue publique, pour éponger ses pertes. Les Islandais consultés par référendum refusent de payer pour les spéculateurs, dont ils sont eux-mêmes les victimes. En fin de compte, ceux-ci sont mis en prison pour crime économique.

La Grèce, elle, fait appel à une banque privée pour camoufler une partie de sa dette grâce à des swaps de devises. Non contente d'empocher quelques centaines de millions d'euros pour ses services, la banque conseille, parallèlement aux *hedge funds*, de miser sur la défaillance du pays. Alors que toute la zone euro est en émoi, la banque continue à s'enrichir, jusqu'à ce que les responsables européens arrivent à se mettre d'accord pour aider la Grèce et sauver l'euro. La crise grecque offre un exemple de ce qui ressemble à un conflit d'intérêt vital entre la démocratie et le capitalisme. Gerald Corrigan, président de Goldmann Sachs USA et ancien président de la Réserve fédérale de New York, a reconnu devant la commission des finances de la Chambre des représentants que sa banque avait contribué à l'habillage et à la débudgétisation de la dette grecque. D'autres institutions financières ont fait le même travail de maquillage pour d'autres pays. Les gouvernements ont eu, certes, raison de sauver la finance mondiale, mais, à peine sauvée, celle-ci recommence à spéculer contre les États, la zone euro et la démocratie. Peut-on simplement laisser faire ou doit-on endiguer et canaliser la puissance du capitalisme pour éviter le désastre ?

La mondialisation à tout niveau

La mondialisation connue et reconnue est celle des hautes sphères de la finance et des grandes entreprises multinationales. C'est là qu'elle fait des vagues, mais elle progresse aussi en profondeur, ignorée de l'opinion publique, commençant à peine à être remarquée par le monde académique et celui des affaires, alors qu'elle est la preuve de l'irréversibilité du phénomène. On s'intéresse peu à l'impact de la crise financière sur les classes les plus pauvres, et, *a fortiori* à la mondialisation par le bas de l'économie formelle et informelle. Cette économie de la débrouille, bien connue à l'Adie (les activités illégales, telles que la prostitution et la drogue mises à part), permet de survivre à ceux qui ont été rejetés par le marché du travail. Elle est orientée pour l'essentiel sur des activités locales, mais beaucoup de ces activités ont une emprise internationale. Cela est vrai de Jeanne, qui vend sur Internet ses robes de princesse pour petites filles modèles, de Mikaël, qui produit des volants de voiture pouvant être branchés sur la télévision ou la console de jeux, mais aussi de Mariama, qui fait le commerce de fonio et de gombo avec la Guinée, de Dieudonné, qui approvisionne en livres les universités du Congo, ou d'Aziz, qui va acheter dans les usines de Turquie ou du Portugal des fins de série de lingerie féminine, qu'il vend sur les marchés de Seine-Saint-Denis. Mariama ne sait ni lire ni écrire. Elle prend le premier train du matin pour faire des ménages dans les entreprises, et elle consacre l'après-midi à son commerce. Dieudonné, qui habite Brest, se définit comme un « Breton mazouté » et se réjouit d'avoir pu récupérer grâce à l'Adie, qui finance son entreprise, un micro-ordinateur recyclé, qui lui permettra de diminuer ses coûts en communiquant par mail et en évitant ainsi les longues palabres préliminaires dont les Africains ont le secret. Aziz n'a que dix-huit ans et il est en rupture scolaire. Il prépare pourtant ses voyages, comme un entrepreneur avisé le ferait avec l'aide du Centre du commerce extérieur. Ses culottes et ses soutiens-gorges sont les plus affriolants et les moins chers du marché. Il approvisionne désormais d'autres vendeurs ambulants.

L'économie informelle que l'on estime représenter en Europe entre 10 et 15 % du PIB est, elle, très largement inconnue. Le livre d'Alain Tarrius, *La Mondialisation par le bas*[1], est un des rares qui décrit cette réalité des nouveaux nomades de l'économie souterraine sur la base d'observations directes ayant comme point de départ le quartier de Belsunce à Marseille et s'étendant tout autour de la Méditerranée. L'intérêt de ce regard de sociologue est de montrer la dynamique d'une microéconomie souterraine, centrée sur l'échange mais fondée en même temps sur des valeurs culturelles. Cette économie, portée par les migrants de la pauvreté, qui ont cette capacité nouvelle d'être « d'ici et de là-bas » à la fois, a des réseaux qui s'étendent dans le

---

1. *La Mondialisation par le bas*, d'Alain Tarrius, professeur de sociologie et d'anthropologie urbaine à l'université de Toulouse, éditions Balland.

monde entier à l'image des multinationales. Elle a
ses codes d'honneur, ses règles et ses contrats
garantis par des notaires informels, mais aussi ses
dérives mafieuses et ses partenaires corrompus au
sein de l'administration. Ne connaissant ni les
avocats d'affaires ni les paradis fiscaux, cette
mondialisation informelle exige de la part des
microentrepreneurs une compétence primordiale,
celle de « savoir-traiter-les-papiers » des deux côtés
des frontières.

Comme dans *Les Voyages de Gulliver*, le monde
des Lilliputiens de l'économie informelle est le reflet
de l'économie officielle. Il fait partie de l'univers des
8 millions de personnes qui vivent en France en
dessous du seuil de pauvreté, mais il échappe aux
radars des économistes et de l'administration. Il
traverse des frontières et n'observe pas toutes les
règles, mais cette transgression permet aux hommes
de survivre et de développer des capacités nouvelles
liées à la mondialisation. Il témoigne de l'esprit
d'entreprise et de la dignité de ceux qui ne souhaitent pas être les objets des politiques sociales mais
sujets de leur propre vie. Il est la trame, à peine
visible, de la mondialisation future.

Quel avenir ?

Face à cette grande confusion liée au décalage entre idées, paroles et actes, confusion propre à l'espèce humaine mais exacerbée par les mutations en cours, ce dont nous avons besoin aujourd'hui, c'est de retrouver les finalités de nos actes. À quoi bon bâtir de nouvelles régulations, de nouvelles règles de conduite, si, en fin de compte, on ne sait pas quel en est le but ? Il faut accepter de reconnaître que le marché n'est pas une fin en soi, mais le meilleur des moyens connus pour atteindre l'efficacité économique, pour autant qu'il soit régulé dans le sens de l'intérêt général. Un tel programme n'exige pas un nouveau carcan de règles, mais un système de pensée fondé sur le bons sens, le courage et l'imagination au service de la création de richesse et de la justice sociale.

Bon sens pour ne pas croire que l'économie, enfermée depuis Walras dans le labyrinthe policé des modèles mathématiques, soit capable, sans changer de cap, de résoudre un problème qu'elle n'a pas su prévoir du fait de la complexité du réel. Que les agences de notation, qui ont distribué généreusement leur poinçon de qualité à ce qu'on appelle aujourd'hui des produits toxiques, soient capables d'une plus grande perspicacité à l'avenir. Que les régulateurs et les superviseurs, censés être les arbitres de la compétition, aient une chance de ne pas se laisser entraîner et dépasser par les joueurs, faute de moyens et faute d'adéquation entre le terrain de jeu et les règles qu'ils peuvent édicter. Que les banques, engagées dans une compétition mondiale sans merci, soient en mesure, d'un commun accord et sans y être obligées, de limiter leurs activités de marché au bénéfice d'activités moins rémunératrices, au service de l'économie réelle.

Imagination pour permettre d'inventer de nouveaux mécanismes au sein de l'économie de marché pour ne pas laisser les plus riches devenir encore plus riches et les plus pauvres devenir encore plus pauvres. Pour comprendre que, dans une économie mondialisée, les déséquilibres croissants entre pays s'ajoutant aux déséquilibres entre les différentes classes de la société sont porteurs de violences imprévisibles. Que si la démocratie ne maîtrise pas le capitalisme, c'est elle qui va disparaître. Rien n'est plus calme que la mer avant la tempête, le ciel avant l'orage. Au-delà des conflits qui ont jalonné l'histoire de l'humanité, le risque environnemental qui, lui, est sûr et certain, pèse sur l'ensemble de la planète et exige un immense effort collectif pour être conjuré.

Courage, enfin, pour ne pas baisser les bras devant l'immensité des enjeux. Il n'y a pas de vote inutile dans une démocratie et c'est avec des actes que nous devons voter face aux dangers qui nous menacent. Il n'y a pas d'issue dans la peur ni dans la haine. Les mots sans l'action n'ont pas de poids et les actes sans paroles n'ont pas d'écho. La seule bataille qui mérite d'être engagée est celle de la conception et de la démonstration de modèles alternatifs, qui fassent leur preuve sur le double plan de l'efficacité économique et de la justice sociale.

La combinaison gagnante du bons sens, de l'imagination et du courage ne peut se fonder, cependant, sur la raison seule. Elle exige, comme dirait Paul Valéry, « un supplément d'âme », ouvert à d'autres valeurs que celles d'une société de consommation, où le seul pouvoir reconnu est celui de l'argent.

2.

Une société qui a peur de son ombre

La seule chose dont nous devrions avoir peur est
la peur elle-même.

Franklin Roosevelt

*Où l'on passe en revue les peurs qui nous paralysent
individuellement et collectivement et qui minent à la
fois la cohésion sociale et la capacité de s'engager résolu-
ment dans une démarche d'avenir.*

Nous vivons en France dans une société de plus
en plus morose où l'espoir dans l'avenir et la
confiance dans les concitoyens, deux leviers majeurs
de la croissance et de la cohésion sociale, sont cruellement absents. Dans un pays où un citoyen sur
deux craint de devenir SDF[1], les réactions sociales

---

1. Sans domicile fixe.

sont de plus en plus fondées sur la peur dont les raisons peuvent être aussi bien proches que lointaines, irréversibles que maîtrisables.

Commençons par évoquer celles qui apparaissent au niveau de la société toute entière :

La peur du déclin et le repli sur soi

La mondialisation a certes accéléré la croissance, mais elle a aussi, faute de gouvernance mondiale, qui s'organise difficilement pour le commerce mais n'existe pas pour les entreprises et les banques, exacerbé les inégalités entre les pays. La montée des pays émergents, et plus particulièrement de la Chine, alimente le spectre du déclin de la France et fait rêver d'un retour au protectionnisme qui pourrait y porter remède. L'idée du « patriotisme économique » lancée en 2005 par Dominique de Villepin et reprise par Nicolas Sarkozy en fait partie. Pourtant, dans ce domaine, comme dans beaucoup d'autres, le retour en arrière est impossible et les solutions ne peuvent être trouvées qu'en allant de l'avant et en cherchant des justes équilibres entre la préservation de l'ancrage territorial et la concurrence internationale, entre la prise de risque sans laquelle la croissance est impossible et une solidarité rénovée.

L'Europe, qui fut le grand projet de l'après-guerre, ne mobilise plus les Français. Pire, elle suscite leur inquiétude. L'épouvantail du plombier polonais fait battre en retraite la directive sur les services. Le non au référendum sur la constitution européenne de 2005 traduit la crainte d'une Europe trop libérale. L'exploitation systématique par les gouvernements français de la responsabilité des « gnomes de Bruxelles » dans des décisions qui sont souvent du ressort national est une façon commode de détourner les critiques vers l'Europe, mais elle accroît inévitablement le sentiment de ne plus être maître de notre propre destin.

Le manque de confiance dans l'économie de marché et dans les dirigeants

La peur se propage et touche également les fondements mêmes de notre système d'économie de marché et de libre entreprise. Dès avant la crise, une majorité de Français exprimait sa méfiance à son égard et considérait qu'il n'était pas le meilleur pour l'avenir du monde, alors que ce jugement est minoritaire dans des pays aussi divers que les États-Unis, l'Allemagne, la Chine ou le Mexique [1]. La crise ne peut que renforcer ce sentiment

---

1. GlobeScan, juin 2008.

d'inquiétude. Dans l'enquête parue dans *Le Monde de l'économie* le 30 novembre 2009 [1], les trois quarts des Français interrogés pensent que, malgré la crise et les erreurs commises, les dirigeants économiques et financiers ne vont pas changer de comportement. La majorité des interviewés considère que la mondialisation est plutôt une mauvaise chose, plus particulièrement pour les salariés et pour la qualité de vie au travail, mais plus encore pour les consommateurs et pour la France en général. Le plus grand inconvénient de la mondialisation est, pour 70 % d'entre eux, la menace d'emploi pour les pays occidentaux, qui traduit la peur de ne pas savoir s'ajuster à la nouvelle donne économique. Parmi les autres inconvénients, ils citent la concentration des pouvoirs entre les mains des entreprises multinationales, la baisse de la qualité des produits et des services, la multiplication des transports et son impact sur l'environnement, ainsi que l'uniformisation des cultures et la suprématie de la culture anglo-saxonne. Ce scepticisme profond s'est accru encore depuis le début de la crise, les promesses de dirigeants « que rien ne serait plus comme avant » se diluant peu à peu dans la réalité du « *business as usual* » au sommet de la pyramide économique, alors que la base continue à payer les effets du cataclysme, dans une indifférence générale. En fin de

---

1. Sondage TNS Sofres-Logica pour « Lire la politique ».

compte, la peur est l'expression de l'impuissance, alors que le pire n'est jamais sûr, lorsqu'on essaie de le vaincre.

La peur de l'étranger

Très naturellement la peur se déporte vers l'étranger, celui qui est différent par son origine, sa religion, sa langue, son mode de vie. C'est lui qui est responsable de nos maux. Il faut empêcher les gens du voyage, français depuis des siècles, de voyager, les déloger des camps sauvages, même si les camps prévus par la loi n'ont pas été aménagés par les communes. Il faut expulser les Roms, même s'ils sont citoyens européens. Il faut arrêter l'immigration, même si la pyramide démographique laisse prévoir un manque de main-d'œuvre dans les années prochaines. Il faut chasser les clandestins, même si cela signifie pour eux un arrêt de mort dans leur pays d'origine. Il faut atteindre les objectifs de 25 000 reconduites à la frontière, même si cela présente pour la France un coût démesuré de l'ordre de 21 000 euros par personne[1]. Il faut contrôler les jeunes dont le faciès indique clairement les origines parce qu'ils se comportent comme des jeunes et font du bruit au lieu de canaliser cette agitation bruyante

---

1. Coût calculé par le sénateur Pierre Bernard-Reymond en novembre 2008.

et ses formes plus violentes vers des occupations plus productives.

Cette peur de l'étranger se double d'une peur de l'islam, considéré comme une religion dogmatique et une première marche vers le terrorisme. Des campagnes sournoises (et non suivies par l'Église catholique) sont lancées contre l'infidèle en s'attaquant successivement à ce qu'on considère être les symboles de l'islamisme : le foulard, la burqa et, par ricochet de la votation suisse, le minaret, qui vient se greffer sur le débat sur l'identité nationale. Comble d'absurde, comme nous le dit Tareq Oubrou, recteur de la mosquée de Bordeaux, le minaret est inspiré par les chrétiens orientaux de Schâm et postérieur à l'islam. Ni la mosquée du Prophète à Médine ni celle de La Mecque n'ont de minaret. Voilà donc un débat qui atteint gravement les relations entre la Suisse et le monde arabe, qui a un retentissement médiatique important et tout aussi nocif aux relations entre Français et Arabes ou Français d'origine non arabe et ceux d'origine arabe, mais qui n'a d'autre fondement que l'ignorance !

Le débat sur l'identité française se concentre sur l'immigration et attise la xénophobie des uns, le dégoût de la xénophobie des autres. Faut-il rappeler que, depuis des siècles, les Tziganes subissent en

Europe des discriminations ? Sous le régime nazi, ils étaient exterminés dans les chambres à gaz. Sous le régime communiste, dans les démocraties populaires, ils étaient forcés à se sédentariser. Ayant perdu leur emploi avec l'effondrement des coopératives et des usines d'état, mais aussi leur mobilité et leurs métiers traditionnels, ils se trouvent aujourd'hui, dans plusieurs pays d'Europe centrale et orientale, dans une situation de dénuement et de persécution latente ou active. Il n'était pas nécessaire que la France ajoute sa pierre à cette lapidation collective. Faut-il rappeler, par ailleurs, que notre pays est depuis cent cinquante ans un pays d'immigration quasi continue, ayant accueilli des vagues successives de réfugiés politiques ou de chômeurs venant d'abord des pays limitrophes, puis des pays de l'Est, comme la Pologne, la Russie et l'Arménie, puis, plus récemment, du Portugal et d'Afrique ? L'immigration de travail s'est stabilisée à partir des années 1970, le nombre d'étrangers étant évalué, en 2006, à 5 millions de personnes. Grâce au taux de fécondité, qui reste en France relativement élevé, la part des immigrés dans la population totale n'a pas non plus augmenté sensiblement et reste inférieure à 8 % [1]. L'intégration s'est faite progressivement par l'école et par l'emploi, bien que ce soit de moins en moins le cas, et près d'un Français sur quatre a, au

---

1. Étude publiée par *Le Monde* du 5 décembre 2009.

moins, l'un des grands-parents immigré. La part des immigrés dans l'emploi – 11,3 % en 2007 – témoigne de leur apport à l'économie nationale. À l'horizon 2015, l'Insee faisait, en 2007, l'hypothèse d'un solde migratoire de + 100 000. En fin de compte, le problème vient surtout de la concentration des populations immigrées et d'origine immigrée dans les quartiers dits sensibles, bâtis durant les Trente Glorieuses pour accueillir la main-d'œuvre nécessaire à la croissance, qui ont perdu, depuis, une large part de leur population d'origine française. Ces quartiers, bâtis comme des dortoirs, sans locaux professionnels permettant de développer de petites activités économiques, témoignent d'un triple échec, de l'urbanisme, de l'intégration et de l'emploi. Certains sont devenus des bidonvilles en dur, avec des familles qui s'entassent à six dans une chambre, chèrement payée aux marchands de sommeil. Ils abritent 10 % de la population, la plus jeune de France, dont le taux de chômage est le plus élevé. Comment une jeunesse désœuvrée, ayant le sentiment lancinant d'avoir été trahie par le pays, dont elle est pourtant citoyenne, peut-elle déverser le trop plein d'énergie, lorsque celui-ci ne peut s'investir à travers l'emploi, dans un projet d'avenir ? Cette énergie explose à la moindre occasion. Nous savons tous que, après 2005, d'autres émeutes embraseront les cités. En attendant, les avantages fiscaux attirent dans les quartiers les grandes entreprises, dont beaucoup arrivent avec leurs salariés, qu'elles ramènent le soir, par transport sécurisé, vers le centre-ville. On ne réglera pas le problème de l'immigration avec des politiques répressives, mises en place de façon récurrente pour se protéger de l'afflux des étrangers et expulser les sans-papiers. Ces politiques paraissent difficiles à justifier tant sur le plan humain que sur le plan démographique. La France qui vieillit aura besoin d'apport extérieur pour couvrir le déficit de travailleurs. Pire que tout, ces politiques apparaissent totalement obsolètes à l'heure de la mondialisation. Comment accepter la libre circulation du capital et refuser celle du travail ? Comment traiter les « réfugiés climatiques », qui fuient la sécheresse ou l'inondation et dont le nombre ne fera que croître : 20 millions de personnes déplacées en 2008, 200 millions en 2050. Comment distinguer les réfugiés politiques des réfugiés économiques et climatiques, lorsque les trois sont forcément liés, les perturbations de l'environnement ne connaissant pas les frontières et ne respectant les biens de personne ? Comme dit Antonio Guterres, le haut-commissaire aux Réfugiés : « Les pays riches ne peuvent pas à la fois refuser d'aider les pays pauvres à résister au changement climatique et fermer leurs frontières à ses victimes. » (En bon diplomate, il ne dit pas que les pays riches sont, au surplus, les principaux responsables de l'effet de serre.) Comment admettre qu'un être humain soit réduit à un papier administratif et que ceux-là mêmes qui célèbrent la chute du mur du Berlin érigent des barrières autour de l'espace de Schengen, alors que la Méditerranée, qui fut jadis le centre du monde, n'est plus qu'un grand lac ? Comment ne pas être troublé par les efforts faits pour développer le marché des immigrés, proposer des hamburgers hallal, des pagnes wax, des transferts d'argent vers le pays d'origine et l'interpellation des jeunes sans autre raison que leur faciès ? Est-il acceptable d'attirer la finance islamique, dont le marché est estimé à 700 milliards de dollars en faisant valoir, entre autres, l'argument de la forte présence musulmane en France et, parallèlement, ne pas témoigner à l'islam et aux musulmans le respect auquel ils ont droit ?

L'obsession sécuritaire

Au-delà du problème de l'immigration, l'obsession sécuritaire se réveille à chaque fait divers et se traduit par un texte législatif, dont le bien-fondé demeure contestable, tant parce que le fait reste marginal, que parce que la solution se trouve au niveau de l'action et non pas de la loi.

Cette crainte parmi d'autres, qui mine le moral des Français, est propagée, dès le plus jeune âge, par la vogue des jeux électroniques qui ont remplacé le fusil à fléchette et le pistolet à eau. Les enfants, les adolescents mais aussi les adultes évoluent dans un univers de violence sans toujours le distinguer de l'univers réel. En mettant l'accent sur les crimes et les délits de toute sorte au détriment d'une information plus pondérée, les médias et plus particulièrement la télévision contribuent à imprégner le public du sentiment de peur. Comme l'écrit Al Gore à propos des États-Unis : « À cause de l'effet quasi hypnotique de la télévision, il y a autant de différences entre l'économie politique soutenue par l'industrie télévisuelle et les idéaux passionnés du premier siècle de la démocratie américaine qu'entre ceux-ci et le féodalisme, qui s'appuyait sur l'ignorance du peuple à l'âge de l'obscurantisme médiéval[1]. » Et il cite les études de sociologie, qui ont mis à nu les techniques de propagande de la peur : « User de répétition, faire passer pour normal ce qui est anormal, induire en erreur. » Ces techniques de propagande, traditionnellement utilisées par les dictatures, peuvent orienter également les processus démocratiques, comme cela fut le cas pour faire accepter aux Américains la guerre avec l'Irak.

Les dérives médiatiques, aisément exploitables, quand elles ne sont pas inspirées par les politiques,

---

1. Al Gore, *La Raison assiégée*, Seuil.

fragilisent de la même façon la société française et la poussent vers des extrémismes incompatibles avec la démocratie. Ce n'est pas par hasard que des camps des gens du voyage sont non seulement démantelés, mais aussi attaqués depuis que les autorités ont stigmatisé la communauté sur la base de débordements ponctuels. Cet enchaînement de réactions n'a rien d'original. Il rappelle les pogroms, qu'on aurait bien aimé laisser enfermés à double tour dans les oubliettes de l'histoire.

L'angoisse du déclassement

À ces peurs de la société tout entière s'ajoutent des inquiétudes qui ont plus un caractère individuel, mais qui s'inscrivent dans le cadre collectif de l'emploi. Durant les Trente Glorieuses, années exceptionnelles pendant lesquelles la France rattrapait son retard économique dû à la guerre, chaque travailleur pensait s'engager pour la vie dans la même entreprise et voilà que les années maigres succèdent aux années fastes et que la sécurité de l'emploi n'existe plus. À partir de la fin des années 1970 et en dépit d'une politique de l'État français qui s'attache plus à la protection de l'emploi qu'à la création d'activités nouvelles, l'entreprise change de mode de management et externalise une partie de ses opérations, qui ne correspondent pas à son cœur de métier. Dans un second temps, avec la mondialisation, certaines de ces opérations sont délocalisées dans un autre pays. Le contrat à durée indéterminée (CDI) que l'on croyait être une protection sans faille, ne remplit plus sa mission face à la compétition internationale. La naissance, en 1979, du contrat à durée déterminée (CDD), utilisé désormais pour les trois quarts des premiers recrutements, la multiplication des statuts d'emplois précaires, du contrat d'intérim au contrat aidé, la montée du chômage, avec sa propre kyrielle de statuts, crée la peur du déclassement pour soi ou pour ses enfants. Cette peur, décrite par Éric Maurin[1], est celle d'une « société à statuts » où les pouvoirs publics se préoccupent davantage de protéger ceux qui ont déjà un emploi stable que ceux qui vivent à la périphérie de l'emploi et où les salariés protégés sont aussi ceux qui craignent le plus de perdre leur sécurité. Elle dépasse la réalité du chômage, induit des stratégies de ségrégation sociale au niveau de l'école, comme au niveau de l'habitat et bien sûr de l'emploi lui-même.

La peur du déclassement qui taraude la société française, au point que la majorité des ménages pense que la situation des jeunes sera dégradée par rapport à la leur, se combine avec le stress au travail et la peur de perdre les avantages acquis. C'est

---

1. Éric Maurin, *La Peur du déclassement*, Seuil, 2009.

l'inquiétude pour leur propre situation qui domine, car le ratio des dépenses jeunes/vieux penche largement en faveur des plus âgés. Les annonces de licenciement se traduisent dans des cas extrêmes par des violences à l'égard des dirigeants et la séquestration des patrons. Le stress aboutit parfois à la violence contre soi-même, et plus particulièrement au suicide. Les conditions de travail sont sans doute meilleures que celles des débuts de la révolution industrielle, mais les salariés se sentent plus seuls. Si la crise a provoqué des licenciements, l'amélioration du carnet des commandes n'a pas poussé les entreprises à recruter et ceux qui sont restés en place sont sous pression pour en faire plus. Le changement d'organisation, dû à la mondialisation et/ou à la restructuration, ainsi qu'à l'évolution des métiers, liée aux nouvelles technologies, force certains à prendre de nouveaux postes qui ne leur conviennent pas. Si les syndicats sont arrivés à obtenir, peu à peu, un système de protection sociale inespéré il y a cent ans, celui-ci se trouve remis en cause par le changement du système économique lui-même, qui induit des changements dans les méthodes de management et crée des besoins d'adaptation ou de mobilité, auxquelles les salariés ont du mal à s'habituer. L'accent mis dans certaines entreprises sur la productivité, afin de faire face à la concurrence, la mobilité géographique, la segmentation des postes de travail, le développement du travail à temps partiel et la baisse consécutive du salaire annuel créent une inquiétude permanente de sorte que les salariés ne savent plus s'ils craignent davantage de rester dans l'entreprise ou de perdre leur travail.

Au total, la majorité des Français pense que ses conditions de vie vont se détériorer et que ses enfants ne pourront pas suivre le chemin de ce qu'ils considèrent être une réussite sociale. Aussi ne regardent-ils pas du côté du précipice, vers ceux qui sont déjà dans des situations difficiles – en 2006, près de 8 millions de personnes (soit 13,4 % de la population totale) se trouvent en dessous du seuil de pauvreté [1]–, mais plutôt vers le haut, pour envier et condamner à la fois les privilèges exorbitants des riches, qui seront évoqués dans le chapitre suivant. La question la plus inquiétante de ce début de siècle, qui est le réchauffement climatique, est celle qui perturbe le moins les Français. Elle semble encore trop loin. Elle dépasse les limites du quotidien. Mais, même face à cet enjeu planétaire, l'action est plus efficace que la peur.

---

1. Le seuil de pauvreté des ménages se définit comme inférieur d'au moins 40 % au revenu médian de l'ensemble des ménages. Il est de 900 euros en 2010.

3.

La fracture sociale

La pauvreté est la pire forme de violence.

Mahatma Gandhi

Où l'on montre la profondeur de la fracture sociale avec la précarité qui augmente, l'inégalité de classe et l'inégalité des chances qui se creusent, tandis que les excès des privilégiés ajoutent de l'huile sur le feu, au risque d'une explosion sociale.

La fracture sociale, qui a été une préoccupation importante de la classe politique le temps d'une campagne présidentielle, a disparu des médias, chassée par les promesses de la suivante en matière de pouvoir d'achat, puis par les frasques de quelques patrons ou traders et la sourde inquiétude des classes moyennes, sur fond de crise. Elle est pourtant plus présente que jamais et touche une part croissante de la population française.

Au XVIIe siècle, on enfermait les pauvres dans les hôpitaux. Ils se trouvent isolés, aujourd'hui, dans les zones rurales dévitalisées ou dans les quartiers dits sensibles. Pour les aider, on les enferme dans les statuts – nous sommes entrés, on le sait, dans un monde virtuel. Les pauvres se rebiffent. Au Grenelle de l'insertion, c'était l'une de leurs revendications : ne plus être considérés en fonction de leur statut, mais en fonction de ce qu'ils sont eux-mêmes et de ce qu'ils pourraient devenir et faire, s'ils étaient reconnus en tant qu'individus et non pas en tant que catégorie administrative. Mais cela dépasse les capacités de l'administration, quelle qu'elle soit. On ne peut pas faire du sur mesure en travaillant à la chaîne. Tout au plus arrive-t-on à changer les noms ou à modifier les règles des dispositifs.

Les deux marchés de l'emploi

La population active de la France s'élève, à la fin de 2008, à 26 millions de personnes dont une immense majorité (24,8 millions) est salariée et une minorité (2,4 millions) non salariée. La situation des travailleurs dans l'une et l'autre des catégories est cependant hautement différenciée, tant en ce qui concerne le niveau de la rémunération et des responsabilités que la sécurité et l'emploi. Les non-salariés regroupent aussi bien les petits artisans et commerçants que les professions libérales. Les salariés ont des statuts très divers : fonctionnaires (22,2 %), contrats à durée indéterminée et contrats précaires dont le nombre est en augmentation rapide depuis vingt ans, avec la multiplication des contrats à durée déterminée, des contrats d'intérim et des stages.

Face à ceux qui travaillent, le nombre de chômeurs, toutes catégories confondues, avoisine, à la fin de 2009, 4 millions. La population la plus touchée est celle des jeunes, qui n'en finissent pas de trouver leur premier emploi, face au comportement suicidaire d'une société qui vieillit et qui ne comprend pas que, sans travail, les jeunes ne pourront pas porter les retraites de la génération précédente. Ce mauvais départ a des effets durables. D'après l'OCDE[1], il se traduit par un taux d'emploi et de revenu plus faible que la moyenne. Le chômage touche davantage les femmes et notamment celles qui, seules avec les enfants, se débattent dans des problèmes de garde difficiles à résoudre, faute d'un nombre suffisant de crèches. Il affecte les travailleurs plus âgés qui, ayant passé vingt-cinq ans

---

1. Organisation pour la coopération économique et le développement.

dans la même entreprise, ont beaucoup de mal à trouver un autre emploi et à s'y adapter. L'ajustement du marché de travail se fait, à la base, à travers le phénomène plus récent des travailleurs pauvres, qui représentent près des deux tiers de la population en dessous du seuil de pauvreté. Il ne s'agit pas là uniquement des personnes en contrat aidé, mais de façon banale des travailleurs à temps partiel. Ils glanent des heures de travail, comme jadis les paysans glanaient les épis qui restaient dans le champ, après la moisson : un peu de ménage par-ci, par-là, un coup de main dans un restaurant au moment du service ou dans un grand magasin au moment d'affluence, un travail saisonnier au bord de la plage, ou au moment de la récolte. Les travailleurs pauvres bénéficient d'une multitude de contrats précaires : les contrats d'intérim, les contrats aidés et les contrats à durée déterminée. Certains d'entre eux, dans le cadre du Revenu de solidarité active (RSA), bénéficient en parallèle des minima sociaux. Contrairement à d'autres pays européens, et notamment à l'Allemagne, le temps partiel en France n'est pas une mesure qui a pour but d'aider les entreprises à garder le personnel pendant les périodes difficiles, mais plutôt une politique permanente d'externalisation des charges.

Le modèle dual de l'emploi[1], qui existait déjà avant la crise, s'est fortement accentué. Si le noyau dur a résisté, les entreprises tenant à préserver les compétences de leur personnel, les emplois périphériques – contrats de sous-traitance et contrats précaires – ont été remis en cause.

Nombreux sont ceux qui se réjouissent en pensant que l'inversion démographique liée au départ à la retraite de la génération du baby-boom, née juste après la guerre, et à l'arrivée sur le marché du travail d'une génération moins nombreuse améliorera automatiquement la situation de l'emploi. Mais le problème est plus complexe dans la mesure où l'emploi dépend de l'activité et que celle-ci peut varier en fonction d'une multitude de facteurs liés au comportement des consommateurs et à leur confiance dans l'économie, à la politique d'investissement des entreprises, ainsi qu'à l'innovation et au développement de nouveaux produits et services. Or l'emploi reste le problème majeur en France, où le chômage de longue durée est important et où la formation n'est pas toujours utilisée de la manière la plus efficace au bénéfice des travailleurs peu qualifiés qui, par définition, en ont le plus besoin. La logique assurancielle du système oriente naturellement les ressources vers ceux qui sont

---

1. Centre d'analyse stratégique : « Sortie de crise. Vers l'émergence de nouveaux modèles de croissance ? » octobre 2009.

salariés ou qui sont artisans établis, plutôt que vers des demandeurs d'emploi.

La consommation à deux vitesses

Comme le souligne le Centre d'analyse économique, à ce modèle dual de l'emploi se superpose un modèle dual de la consommation. Si globalement l'indice des prix reste stable, l'augmentation du coût des biens essentiels et plus particulièrement du logement touche plus lourdement les plus pauvres : la part des dépenses contraintes[1] dans le budget des ménages est passée ainsi de 20 % en 1979 à 36 % en 2006, la différence pouvant aller du simple au double entre les plus pauvres et les plus riches. Là aussi, les familles monoparentales et les jeunes sont les plus exposés.

Parmi les dépenses contraintes, les dépenses d'énergie ont été plus particulièrement étudiées[2] pour aboutir au constat d'une précarité énergétique liée à la faiblesse des revenus du ménage, à la mauvaise qualité thermique des logements et au

---

1. Les dépenses contraintes comprennent, pour la comptabilité nationale, les dépenses incompressibles liées au logement (loyer, charges, gaz, électricité), aux communications, assurances et certains services financiers.
2. Voir le rapport de Philippe Pelletier, président du comité stratégique du Plan Bâtiment, Grenelle de l'environnement, groupe de travail Précarité énergétique – Rapport final, 15 décembre 2007.

coût de l'énergie. La précarité énergétique fonctionne comme une spirale, dont les effets s'ajoutent et se cumulent, aussi bien pour les personnes que pour le parc de logement concernés : les impayés entraînent l'endettement, qui a pour résultat des coupures d'énergie et la privation de chauffage. Celle-ci, à son tour, crée des problèmes de santé et augmente la surmortalité hivernale. Il faut y ajouter les problèmes de sécurité, car les gens s'équipent des chauffages d'appoint et des problèmes d'isolement social, dont il est toujours difficile de sortir. On estime à 3,4 millions le nombre de ménages souffrant de la précarité énergétique. Les ménages les plus pauvres y consacrent 15 % de leur revenu (contre seulement 6 % pour les plus riches) en amputant leurs autres dépenses de consommation. Le problème est particulièrement grave en zone rurale : en termes absolus, un Parisien a une facture énergétique inférieure de 44 % à celle de l'habitant d'une commune rurale.

Pour prendre d'autres exemples, une étude sur l'utilisation des téléphones portables des sans domicile fixe, menée par l'association Reconnect, montre que *65 %* des personnes ont un téléphone portable, qu'elles utilisent *via* un système prépayé. Leur dépense moyenne est de 30 euros par mois et le prix marginal de la minute de consommation est plus élevé que dans le cadre d'un forfait classique.

De même, fait bien connu, le prix du mètre carré de logement est plus élevé pour les surfaces plus petites[1]. Si, en sens contraire, l'alimentation et l'habillement sont moins chers sur les marchés des quartiers populaires, leur qualité n'est bien évidemment pas la même. Les magasins *low cost* qui sont ouverts à tout le monde connaissent un succès grandissant de même que toutes les ONG caritatives, qui fournissent des produits alimentaires ou des repas aux plus démunis. Le paradoxe cruel d'une société de consommation est que ceux qui manquent de ressources sont soumis comme les autres à une publicité exubérante, qui les incite à acheter tout et n'importe quoi. À défaut de pouvoir manger à leur faim, ils peuvent regarder à la télévision les festins des riches et s'échapper virtuellement vers un monde où les problèmes matériels n'existent pas.

En fin de compte, les personnes démunies disposent non seulement d'un revenu inférieur à celui de la moyenne des Français, mais, en dépit de mécanismes correcteurs, ils paient également plus cher certains biens et services. Les inégalités continuent donc à se creuser des deux côtés.

---

1. Note sur les entreprises et la pauvreté de David Menasce pour l'Institut de l'entreprise, 2009.

Une pauvreté qui s'étend

Au cours des dernières décennies, le paysage de la pauvreté en France a considérablement changé. La situation des personnes âgées s'est améliorée, alors que celle de la population en âge de travailler s'est détériorée avec la montée du chômage, encore aggravée par la crise.

La France, comme les autres pays membres de l'Union européenne, s'est engagée lors du sommet de Lisbonne, en mars 2000, à donner un élan décisif à l'éradication de la pauvreté en prenant comme horizon l'année 2010. Le gouvernement s'est fixé, en 2007, un objectif de réduction d'un tiers de la pauvreté monétaire d'ici à 2012. Les objectifs européens, comme les objectifs français, sont loin d'être tenus ou en voie de l'être.

En matière de minima sociaux, la mise en place du Revenu de solidarité active (RSA), à partir du 1er juin 2009, a rebattu partiellement les cartes. À la fin de 2009, un peu plus de 1,2 million de personnes bénéficiant du Revenu minimum d'insertion (RMI) et de l'Allocation de parent isolé (API), ainsi que de certaines aides temporaires comme la prime du retour à l'emploi, ont basculé sur le « RSA socle », dont les prestations correspondent à l'ancien RMI, soit 454 euros par mois pour un célibataire. Il est clair que cette somme ne permet pas à la fois de se loger et de manger et que les allocataires doivent avoir une bonne capacité de débrouille pour survivre. Le RSA socle n'a donc rien changé pour eux, sauf à simplifier, à la marge, quelques allocations, sans aller, pour autant, au bout de la réforme en intégrant l'ensemble des dispositifs.

À coté du RSA socle, le RSA socle + activité comptait 183 000 bénéficiaires (soit 11 % du nombre total des bénéficiaires du RSA[1]). Quant au « RSA activité[2] », sa montée en charge a été particulièrement lente, accentuée par la crise, qui a réduit les possibilités d'emploi. Le nombre d'allocataires a atteint à la fin de 2009 416 000 personnes, c'est-à-dire cinq fois moins que les prévisions d'origine, estimées à 2,1 millions. Il y a peu de chances que les objectifs revus à la baisse à 1,7 million soient atteints, ce qui a déjà incité le gouvernement à réduire les crédits budgétaires prévus pour 2010. On peut penser que le montant de revenu complémentaire, de 116 euros en moyenne, n'a pas une force d'attraction suffisante et que les gens hésitent à déclarer leur maigre revenu d'activité, inquiets de ce qui peut leur tomber sur la tête. De toute évidence, en dehors des effets de la crise,

---

1. Le RSA socle + activité vise les personnes en dessous d'un montant forfaitaire.
2. Le RSA activité rétribue les travailleurs pauvres, à concurrence de 62 % d'un revenu d'activité au-dessus du montant forfaitaire, jusqu'à ce que la somme du revenu d'activité et du revenu social atteigne un plafond de 1,04 % du smic.

l'expérimentation, qui n'a pas été menée à terme, n'a pas permis d'éclairer les enjeux et les contraintes des intéressés directs.

La mise en place du « RSA jeunes », qui doit bénéficier à environ 160 000 jeunes, a été annoncée le 1ᵉʳ septembre 2010 et risque d'être, elle aussi, difficile[1]. Donner et retenir ne vaut. À force de cibler de façon trop étroite les mesures d'aide publique, on complexifie leur gestion, ce qui en augmente le coût, tout en réduisant l'impact du dispositif. En fin de compte, le RSA a été un compromis entre une politique de protection sociale et une politique d'emploi. La protection sociale a continué d'emporter, alors que c'est la politique d'emploi qui est le vrai enjeu.

Aussi, ce qui reste des objectifs ambitieux qui ont été fixés par la France et par l'Europe en matière de lutte contre la pauvreté, c'est un dispositif dont la cible s'est rétrécie comme peau de chagrin et qui ne tient pas ses promesses, c'est le droit opposable au logement qui ne compense pas le manque de logements, et c'est la célébration de l'année 2010 comme Année européenne de la lutte contre la pauvreté et l'exclusion.

Sur le fond, peu de progrès. D'après les statistiques de l'Observatoire national de la pauvreté et

---

1. Le RSA jeunes vise les moins de vingt-cinq ans, ayant travaillé au moins deux ans durant les trois dernières années.

de l'exclusion sociale (ONPES), qui ont un décalage de deux ans sur la réalité, le croisement de la pauvreté monétaire[1] et de la pauvreté en conditions de vie[2] aboutit au constat qu'un Français sur cinq est touché par la pauvreté. Ce chiffre, énorme pour un pays riche, a toute les chances d'être sous-estimé par rapport à la situation actuelle, qui n'a pu que s'aggraver avec la crise. Dans une interview de février 2010, le médiateur de la République, Jean-Paul Delavoye, estime à 15 millions le nombre de personnes pour lesquelles les fins de mois se jouent à 50 ou 150 euros près.

La pauvreté ne touche plus uniquement ceux qui ne travaillent pas, elle touche aussi ceux qui travaillent et qui n'arrivent pas à joindre les deux bouts. Elle ne se traduit pas seulement par le manque d'argent pour couvrir les besoins essentiels de nourriture, de logement ou de santé. Elle se définit aussi par l'extrême précarité de la situation et l'absence de toute perspective d'avenir. Le pauvre est celui qui n'a d'autre projet que de survivre de jour en jour en cumulant revenus sociaux et petits boulots. Dans une république qui a inscrit l'égalité dans sa devise et dans une situation de crise, qui enfonce un peu

---

1. La pauvreté monétaire, qui touche 13,4 % de la population, est définie par un revenu inférieur à 60 % du revenu médian.

2. La pauvreté en conditions de vie représente 12,2 % de la population et mesure l'absence ou la difficulté d'accès à des biens ou à des consommations d'usage ordinaire.

plus ceux qui étaient déjà en grande difficulté, la croissance des inégalités devient de plus en plus insupportable.

Les inégalités qui progressent

Par rapport à un revenu moyen de 21 080 euros par ménage en 2007, les inégalités se sont creusées [1]. D'un côté les 8 millions de pauvres, soit 13,4 % de la population, vivent avec 900 euros par mois. De l'autre, les plus hauts revenus ont explosé. Alors que les revenus d'activité n'ont progressé que de 11 % entre 2004 et 2007, les revenus du patrimoine et les revenus exceptionnels ont connu une progression de 46 % et de 55 % respectivement.

L'accroissement des inégalités peut s'analyser de deux façons : l'inégalité entre classes sociales et l'inégalité des chances. L'inégalité sociale est liée au fossé croissant entre les différentes catégories de la population résultant de l'écart des revenus et du pouvoir d'achat, de l'apartheid des quartiers qui réunissent tous les dysfonctionnements de notre société, de la discrimination ethnique et de la dualité du système scolaire. L'inégalité des chances est celle des individus qui peinent d'autant plus à

---

1. Les Revenus et le Patrimoine des ménages, enquête 2004-2010. Insee, 2010.

passer d'une classe à l'autre que le fossé à sauter est plus large. Ayant moi-même traversé plusieurs couches de la société, de haut en bas, à la faveur de la guerre et de l'exil, et de bas en haut, grâce à une bourse d'études et beaucoup de travail, je sais à quel point les deux chemins sont difficiles. J'ai subi des discriminations en tant qu'apatride, mais elles n'étaient rien par rapport à celles dont souffrent les gens du voyage, français de père en fils, ou les jeunes de banlieue, dont l'origine, la religion et la culture sont rejetées en bloc par nos concitoyens[1]. Traditionnellement, c'est l'école républicaine qui jouait le rôle d'ascenseur social. En dépit des efforts louables des enseignants, et de certaines grandes écoles, qui, comme Sciences Po, accueillent les élèves des zones d'éducation prioritaires (ZEP), l'ascenseur social est en panne.

Les jeunes des quartiers ne respectent pas l'école, puisqu'elle ne les mène pas vers l'emploi. Elle est le symbole des fausses promesses que la République tient à leur égard. Ils ne respectent pas non plus l'ordre établi, puisque ce n'est pas un ordre juste. Ceux qui ne prennent pas le métro ne voient pas les jeunes beurs coincés contre le mur par trois

---

1. D'après l'enquête menée par l'Insee et l'Ined en 2008, un quart des immigrés et de leurs enfants déclarent subir des discriminations. Ce pourcentage atteint 50 % pour les minorités les plus visibles, originaires du Maghreb et de l'Afrique subsaharienne.

policiers, pour un délit inconnu, dont les autres voyageurs ne seront jamais soupçonnés. On parlera de cette discrimination à l'égard des Français, nés en France, dans un demi-siècle, comme on le fait, des années après, de l'injustice faite aux soldats indigènes qui ont combattu pour ce pays ou de la rafle du Vél'd'Hiv. Il sera alors trop tard pour agir, mais cette reconnaissance historique des drames passés permettra, comme c'est le cas aujourd'hui, de se donner bonne conscience et de ne pas traiter les injustices du présent, sur lesquelles on a prise. Le taux d'abstention de 70 % aux dernières élections régionales traduit la désespérance des habitants des zones urbaines sensibles, face à l'abandon de l'État. Un tiers d'entre eux vivent en dessous du seuil de pauvreté.

Les privilèges et les négligences

Face à la pauvreté d'une part croissante de la population, les privilèges d'un petit nombre paraissent exorbitants. Bien que leur impact économique soit faible, ils ont un impact social et politique considérable, parce qu'ils symbolisent une atteinte à l'égalité qui reste une exigence forte dans l'inconscient collectif. On n'osait pas trop en parler après l'effondrement du communisme, qui avait entouré l'idée de justice sociale d'un parfum de goulag. Mais voilà que l'idée renaît à la faveur de la crise, d'autant plus fortement que des millions de gens se trouvent dans des situations de précarité et dans l'angoisse du lendemain. Les réformes, indispensables pour notre pays, ne représentent pas le même effort pour tout le monde. Peut-on raisonnablement proposer au peuple de réformer les retraites, même si cette réforme est inévitable par ailleurs, et accepter les retraites chapeau de certains grands patrons ? Peut-on parler sérieusement du maintien des retraites par répartition, alors que le chômage des jeunes atteint 40 % dans certains quartiers et que, si on ne met pas les jeunes au travail, si on continue à licencier les seniors, on ne voit pas très bien qui pourrait porter le poids d'une population croissante de retraités, même en retardant l'âge de la retraite à soixante-deux ans ? Peut-on limiter les dépenses de la sécurité sociale pour tous et accepter les bonus extravagants pour quelques-uns ? Le discours politique perd toute crédibilité lorsqu'il se démarque de la réalité vécue par le peuple. Ne faut-il pas que ceux qui se trouvent au sommet de la hiérarchie sociale soient les premiers à donner l'exemple ?

Les privilèges ne sont pas propres à notre époque. Dans les *Lettres persanes*, Montesquieu écrivait déjà : « Quel peut être le motif de ces libéralités immenses que les princes versent sur leurs courtisans ? Veulent-ils se les attacher ? Ils leur sont déjà acquis, autant qu'ils peuvent l'être. Et d'ailleurs, s'ils acquièrent quelques-uns de leurs sujets en les achetant, il faut bien, par la même raison, qu'ils en perdent une infinité d'autres en les appauvrissant. » Les libéralités passent par des voies multiples.

La première est celle des abus dont se rendent régulièrement coupables certains hommes politiques et leurs protégés en matière de fonctions, primes ou avantages en nature. Cumul de rémunérations, location d'appartements ou d'avion privé créent la confusion entre les dépenses privées et les dépenses publiques et provoquent inévitablement la réprobation des contribuables. Épinglés régulièrement par la Cour des comptes, ces abus résultent souvent d'une perte des repères, maladie chronique du pouvoir. Ils ont globalement une capacité de résistance inouïe, même si, de temps en temps, un bénéficiaire parmi d'autres est sacrifié sur l'autel de l'opinion publique à l'occasion d'un scandale qui prend trop d'ampleur. Comme le fait remarquer Marcel Gauchet : « En France, les élites ont une haute opinion d'elles-mêmes, et ne se rendent pas compte du fossé qui les sépare de la population. Elles entretiennent à son égard un mépris bienveillant. Elles veulent son bien, mais elles estiment que leurs mérites éminents doivent être récompensés [1]. »

---

1. *Le Monde* des 18-19 juillet 2010.

La seconde voie, bien plus grave, car elle corres-pond à un déni global de la justice sociale, qui a toutes chances de s'aggraver avec le déficit des finances publiques, est une politique de prélève-ments fiscaux et sociaux largement déséquilibrée. D'après une étude récente de la fondation Terra Nova, 20 milliards sur 30 ont bénéficié, depuis 2002, aux plus riches. « Plus d'un point de la richesse nationale a été pris dans la poche des Français au bénéfice des plus riches[1]. » Alors que les niches fiscales, qui permettent de baisser les impôts touchant les revenus les plus élevés, coûtent 50 milliards d'euros à l'État, la proposition de l'Assemblée nationale d'étendre aux associations d'utilité publique soutenant la création d'entreprise, le dispositif permettant l'affectation de l'impôt sur la fortune, a été refusée par deux fois par le Sénat !

Face au bouclier fiscal, un bouclier social fixé à 48 % du revenu a été obtenu en 2005 par l'Adie pour les travailleurs indépendants, dont un grand nombre ont des revenus inférieurs au smic. Il a été remplacé en 2009 par le régime microsocial de l'auto-entrepreneur, qui fonctionne selon le même principe : plafonnement des cotisations selon un pourcentage du chiffre d'affaires. Les travailleurs indépendants qui ne relèvent pas du régime

---

1. Cité dans l'article de Frédéric Lemaître intitulé « Un bouclier sarko-zyste » dans *Le Monde* du 12 avril 2010.

microsocial restent cependant soumis au droit commun. En début d'activité, leurs cotisations correspondent à environ 46 % du revenu professionnel de l'année N-1. Si leur revenu professionnel est en dessous du seuil minimum des cotisations sociales, ils risquent de se trouver dans la situation absurde où leurs cotisations peuvent atteindre jusqu'à 96 % des revenus du fait de l'application de cotisations forfaitaires minimales.

Dans l'histoire des injustices et absurdités ignorées par l'opinion publique, on peut évoquer cette autre victoire obtenue par l'association au bénéfice des travailleurs indépendants à temps partiel. Il s'agissait, typiquement, des femmes d'origine immigrée, salariées quelques heures le matin pour faire le ménage dans les entreprises, complétant leur revenu l'après-midi par des petites activités de proximité : préparation de repas pour les voisins ou petit commerce ethnique. Comme elles étaient en dessous du seuil des cotisations sociales, leurs cotisations ponctionnaient la quasi-totalité de leur bénéfice annuel de 1 000 à 4 000 euros par an et, de fait, les obligeaient à travailler au noir. Préparer et faire passer un article de loi permettant, à titre expérimental, de simplifier et d'abaisser ces cotisations abusives a été une vraie prouesse de l'administration. L'expérimentation, actuellement en cours, a permis de révéler des situations plus

invraisemblables encore que celles qu'on connaissait. Ainsi, Binta, qui importait des produits alimentaires de son pays d'origine, en allant chaque fois les
chercher elle-même. Le montant de chaque opération ne dépassait pas 1 000 euros, mais pour passer
les marchandises à la frontière, elle était obligée de
louer un K-bis[1] pour la modique somme de
300 euros. Ceux qui ne sont pas en mesure d'appliquer les règles paient, souvent très cher, le fait de les
contourner.

En dehors des inégalités créées directement par le
pouvoir politique, l'arrogance du capitalisme aggrave
le sentiment d'injustice des citoyens. Comme on l'a
vu, le risque, qui était traditionnellement porté par le
capital, est désormais subi par les travailleurs, qui
sont la principale variable d'ajustement de l'entreprise. Le déséquilibre croissant dans la répartition de
la valeur au sein de l'entreprise s'est accompagné
d'un discours qui a brouillé les enjeux et la vision des
partenaires. La sacralisation du profit face à une
concurrence mondiale a rendu l'adaptation de
l'entreprise au marché plus brutale et d'autant plus
incompréhensible à ceux qui sont licenciés qu'ils ne
maîtrisent pas tous les tenants et aboutissants de ce
qu'on appelle pudiquement un plan social. La justice
sociale défendue traditionnellement par les syndicats

---

1. Document officiel attestant de l'existence juridique d'une entreprise
commerciale.

et par les partis de gauche a reculé au bénéfice de la protection sociale, qui montre aujourd'hui ses limites. La lutte contre le chômage et la pauvreté joue davantage sur le registre de l'aide que sur celui de l'équité. Les travailleurs en sortent amoindris sur tous les plans : celui de l'emploi, mais aussi celui de la dignité et de la reconnaissance de leurs capacités d'initiative et d'autonomie, au sein comme en dehors de l'entreprise.

La folie des rémunérations, qui a été mal vécue par l'opinion publique, est loin de toucher toutes les entreprises et tous les salariés. Elle concerne plus particulièrement les traders, qui, combinant les talents mathématiques et ceux de la finance, se mettent à la disposition des plus offrants. Il est pourtant difficile de croire qu'un trader qui gagne 500 000 euros ou un million d'euros par an va vivre mieux avec deux fois plus. Est-ce l'appât du gain pour mettre de l'argent de côté ? La logique de l'avare obsédé par sa cassette ? La volonté de vivre dans un luxe toujours plus grand ? « Donnez de l'argent et bientôt vous aurez des fers. Ce mot de finance est un mot d'esclave », dit Jean-Jacques Rousseau [1]. En passant de « l'amour de soi », qui exige une quantité finie de biens permettant de satisfaire ses besoins, à « l'amour-propre », qui ne

---

1. Jean-Jacques Rousseau, *Du contrat social.*

connaît pas de limites dans la soif de posséder, car il cherche forcément à se positionner par rapport à l'autre, on change complètement la donne. La justification des bonus vertigineux semble reposer davantage sur le goût de la compétition, ou sur ce besoin banal de s'aligner sur les autres, de faire mieux que les autres, que sur le goût de l'argent pour lui-même. Ce n'est pas l'argent que le trader cherche pour dépenser. C'est de gagner plus que le trader d'en face. Le problème se résume, *in fine*, à une compétition de gamins. Qui gagnera plus de billes ? Qui sera considéré comme chef de la bande ? Là aussi, le message d'Adam Smith est étonnamment actuel : « Nous n'espérons d'autres avantages que d'être regardés et considérés... Il y va de notre vanité, non de nos aises ou de notre plaisir [1]. » Pour satisfaire notre vanité, il suffirait de changer de règles de jeu ou d'objet de reconnaissance sociale : art, découverte, philosophie, travail manuel, philanthropie, autant d'activités à respecter. Mais une société a les dieux qu'elle mérite et une société de consommation et d'image n'en a pas d'autre que Ploutos, dieu de la richesse chez les Grecs, qui avait pour réputation d'être insatiable. Comment alors faire admettre que la compétition n'a pas de sens, chacun de nous étant seul, face à lui-même ? On ne peut qu'espérer que les hommes arriveront

---

1. Adam Smith, *La Théorie des sentiments moraux*.

à s'affranchir de cette dépendance ou changer l'enjeu de la compétition du gain individuel à l'intérêt général. Certains ont suggéré de renverser la tendance en payant les bonus avec les produits dérivés, ce qui pourrait au moins aider à les rendre moins toxiques. Mais au-delà de ces mesures-gadgets, la vraie solution est de défendre une vision plus large et plus juste de l'humanité que celle qui la réduit à une recherche mécanique du profit et qui ressemble à une nouvelle version des *Temps modernes* où le trader, et non plus l'ouvrier, devient l'esclave de la machine virtuelle de la finance capitaliste.

Dans ce combat pour la justice sociale, le plus important n'est pas, cependant, de focaliser le débat sur les excès des riches. Du point de vue de l'efficacité économique, autant que de celui de la justice sociale, il est beaucoup plus important de regarder non pas vers le haut, mais vers le bas du sablier. Il est urgent d'exploiter le champ d'initiative des plus pauvres car cette initiative est le meilleur moyen de combattre l'exclusion et le désespoir. C'est le champ d'intervention de l'Adie qui apporte les moyens d'entreprendre à ceux qui n'ont pas les moyens.

Les inégalités sont vécues de plus en plus difficilement par l'opinion publique. Elles ne sont pas seulement injustes, elles entraînent aussi des risques considérables, car elles mettent en cause le pacte social à l'intérieur de l'entreprise et le pacte républicain entre l'État et les citoyens. Elles détruisent la cohésion sociale, pèsent sur la confiance dans l'avenir, réduisent la demande et limitent la croissance, contribuant au déclin du pays. Ceux qui sont pauvres et ceux qui ont peur de devenir pauvres ressentent une révolte profonde à l'égard d'un système qui permet aux *happy few* de bénéficier d'une rente de situation. On a le sentiment d'être revenu à l'époque de « Enrichissez-vous » de Guizot, une époque qui s'est terminée par la révolution de 1848.

On s'étonne que la France veuille promouvoir, avec l'appui de deux Prix Nobel de l'économie, des indicateurs nouveaux, tels que le produit national net, tenant compte de la dépréciation de toutes les catégories de capital naturel et humain, et donc du bien-être de la population et des inégalités sociales, et ne s'attache pas davantage à les améliorer dans la réalité quotidienne. Ce qui est plus extraordinaire encore, c'est que cette injustice fondamentale n'ait pas donné lieu à une révolte. Que le droit social si développé en France n'ait rien de commun avec la justice sociale, expression désuète que personne n'est tenté d'employer. Que la peur de l'avenir, la peur du déclassement des classes populaires mais aussi des classes moyennes, qui ont tendance à fondre au profit des deux extrêmes, ne se transforme pas en énergie positive pour changer les choses. Il suffirait peut-être de quelques incidents en banlieue, d'une nouvelle rafale de suicides dans une grande entreprise, d'une gauche qui ne se contente pas de défendre les salariés et prenne davantage en compte les laissés pour compte de l'économie de marché, pour que la France retrouve ce désir d'égalité plus grande entre les citoyens, pour lequel elle s'est battue tout au long de son histoire.

Nous sommes faits comme des rats

Pour terminer ce chapitre, il n'est pas inutile de faire une incursion dans le monde animal. Un laboratoire de biologie comportementale étudia le comportement des rats dans une cage dont la seule issue donnait sur une piscine, qu'il fallait traverser pour atteindre la nourriture. Quel que soit le nombre de rats dans la cage, variant de 6 à 200, ils se divisèrent à chaque fois en trois catégories : les dominants, qui ne traversaient pas la piscine mais forçaient ceux qui allaient chercher la nourriture à leur céder ce qu'ils avaient rapporté, les forts qui ramenaient leur propre nourriture, se tenaient à l'écart et ne manifestaient pas d'agressivité envers les exploités et les souffre-douleur, trop faibles pour nager, qui se contentaient de miettes. D'après Jean-Marie Pelt[1], qui cite cette expérience, « nul doute que de telles expériences, conduites sur des groupes de jeunes humains, conduiraient à la reconstitution de pareilles hiérarchies, quoique atténuées par l'imprégnation culturelle et sociétale ». En regardant l'histoire de l'humanité, on peut, en effet, le penser. On peut croire, aussi, que tout en étant capables de barbarie, nous devrions être capables, dans notre propre intérêt, de la maîtriser.

---

1. Jean-Marie Pelt, *La Raison du plus faible*, Fayard, 2009.

II

LES GERMES
DU RENOUVEAU

Les systèmes économiques qui négligent
les facteurs moraux et sentimentaux sont
comme des statues de cire : ils ont l'air d'être
vivants et pourtant il leur manque la vie de
l'être en chair et en os.

Mahatma Gandhi

4.

La révolution
de l'entrepreneuriat populaire

C'est la cohorte des fourmis, qui, dans les galeries
souterraines des bas-fonds de la société, permet à
l'économie d'avancer.

Moses Isegava

Chômeurs, créez votre emploi !

Raymond Barre

*Où l'on décrit le signe d'espoir qu'est le retour des
exclus de l'économie de marché en tant qu'acteurs de
leur propre sort et le poids de l'innovation sociale dans
l'évolution de l'économie.*

Si l'écart entre les riches et les pauvres continue
de se creuser avec, pour ces derniers, une situation rendue plus difficile encore par la crise, le

développement de l'entrepreneuriat populaire offre une lueur d'espoir.

Il ne s'agit pas seulement de la mutation économique, dont il sera question au chapitre suivant, mais de la prise de conscience des Français que, désormais, ils ne feront pas toute leur carrière dans la même entreprise et que, tout compte fait, développer une activité qui correspond à la fois au talent de chacun et au besoin du marché est une perspective aussi intéressante, sinon plus, que celle d'un emploi précaire, du type contrat d'intérim, CDD ou contrat aidé. Avant la crise déjà, la création d'entreprise représentait un tiers de nouveaux emplois.

Les microentreprises sont la base de l'économie

Bien que peu de Français en soient vraiment conscients, les microentreprises sont massivement majoritaires dans le tissu économique français.

Sur 2,9 millions d'entreprises, 92 % sont des microentreprises de moins de dix salariés. Elles représentent 20 % de la valeur ajoutée et 23 % de l'emploi. Une part importante des personnes qui vivent en dessous du seuil de pauvreté pratiquent par ailleurs des activités informelles, génératrices de revenu.

LES MICROENTREPRISES EN FRANCE

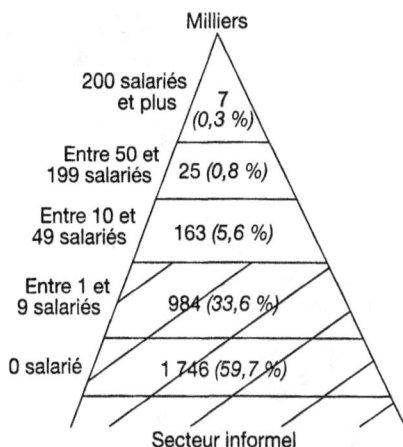

Source : Insee

Les besoins de financement sont faibles, dans la plupart des cas : près de 54 % des créations en France ont un plan de financement inférieur à 8 000 euros ; environ 22 % d'entre elles nécessitent moins de 2 000 euros. Quatre entreprises sur cinq se créent sans salarié.

En 2006, 113 000 chômeurs ont créé leur entreprise. Ils représentaient 40 % des créateurs, contre 34 % en 2002. La même année, 64 % des nouveaux entrepreneurs déclaraient avoir créé leur affaire pour pouvoir assurer leur propre emploi, soit 10 points de plus qu'en 2002. En juin 2010, 16 millions de Français (soit près d'un tiers de la population active) déclaraient avoir envie

TOTAL CRÉATIONS D'ENTREPRISES

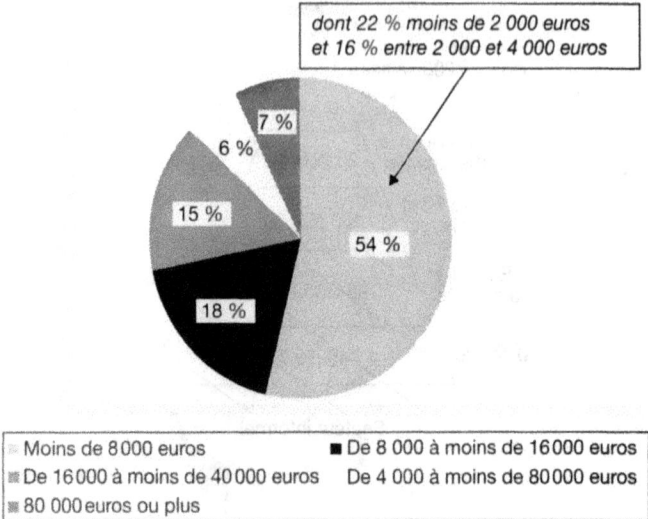

dont 22 % moins de 2 000 euros
et 16 % entre 2 000 et 4 000 euros

7 %

6 %

15 %

54 %

18 %

Moins de 8 000 euros   ■ De 8 000 à moins de 16 000 euros
De 16 000 à moins de 40 000 euros   De 4 000 à moins de 80 000 euros
80 000 euros ou plus

Source : Insee-Sine 2006

d'entreprendre un jour, et 3 millions (soit 6 %) souhaitaient le faire à court terme[1].

Comparée à ses partenaires de l'Union européenne, la France accuse un certain retard dans le domaine du travail indépendant : il représente 10 % de l'économie marchande non financière, contre 16 % dans l'Union européenne des 25. En même temps, ce type d'emploi séduit de plus en plus les

1. Sondage Opinionway : « Les Français et leurs entreprises », organisé à l'occasion du 7ᵉ Salon des entrepreneurs Lyon-Rhône-Alpes, 23-24 juin 2010.

Français : 41 % déclarent le préférer à celui de salarié. La création d'activité est en augmentation régulière au cours des dix dernières années (+ 30 % entre 2007 et 2008). La crise n'a fait qu'accentuer la tendance et ceci d'autant plus que la loi pour la Modernisation de l'économie votée en août 2009 a démystifié la création d'entreprise en créant le statut de l'auto-entrepreneur.

Le régime de l'auto-entrepreneur libère l'initiative

Dans le labyrinthe du cadre réglementaire français, le régime de l'auto-entrepreneur fut un choc. Tout le monde réclamait la simplification, mais plus personne ne savait ce qu'était la simplicité. Pour les plus optimistes, le régime était le signe annonciateur des temps nouveaux. Au lieu d'en ajouter au sac de nœuds des complexités ordinaires, il repose en effet sur deux idées simples. D'une part, permettre à ceux qui souhaitent créer une activité économique de la déclarer sur Internet sans autre forme de procès. D'autre part, ne pas obliger les nouveaux entrepreneurs à payer des cotisations sociales prévisionnelles avant d'avoir un chiffre d'affaires. Ce régime s'applique aussi bien à ceux qui créent leur entreprise et qui, généralement, préfèrent démarrer petit, qu'à ceux qui ont déjà une activité, exercée parfois à titre informel, mais craignent de se faire piéger par un système de cotisations difficilement compréhensible. Il s'applique aussi aux salariés, retraités ou étudiants qui souhaitent mener une activité indépendante parallèle pour compléter leurs revenus et tester, le cas échéant, la possibilité de la transformer en activité principale.

Le régime de l'auto-entrepreneur a été plébiscité par près de 300 000 personnes dès la première année. Rarement un ministre fut aussi applaudi que Hervé Novelli. Créer de la croissance et du bonheur, ce n'est pas si évident pour un homme politique. Lui-même le déclara : il pensait à l'origine qu'il s'agissait de simplification, mais découvrit qu'il s'agissait aussi de l'égalité des chances.

L'Amérique, le pays des *self-made men*, s'inclinait pour une fois devant la France qui avait inventé le mot « entreprise » mais où l'État n'avait guère l'habitude de faire confiance aux entrepreneurs et faisait habituellement tout pour leur compliquer la vie. Le magazine *Time* titrait « *French for* entrepreneur » et concluait l'article en écrivant : « *If it continues at its current pace, the scheme will prove that France, not only has a word for entrepreneur, but also a growing army of people, who fit this description*[1]. »

---

1. *Times* du 7 septembre 2009 : « Si cela continue au rythme actuel, le dispositif va prouver que la France n'a pas seulement un mot pour "entre-

Mais la France ne serait pas la France si ce vent de libéralisme au sens authentique du terme avait été accepté par tous. L'opposition vint des artisans qui réagirent avec vigueur à une prétendue concurrence déloyale. Ils suivirent fidèlement le diagnostic d'Adam Smith : « L'intérêt du marchand est toujours d'agrandir le marché et de restreindre la concurrence des vendeurs. Il peut, souvent, convenir assez au bien général d'agrandir le marché, mais restreindre la concurrence des vendeurs lui est toujours contraire et ne peut servir à rien, sinon à mettre les marchands à hausser leur profit au-dessus de ce qu'il serait naturellement, et de lever, pour leur propre compte, un tribut injuste sur leurs concitoyens. » Certains organismes professionnels se déchaînèrent en diffusant une information inexacte, qui, à force d'être répétée, prenait des allures de vérité. Les chambres des métiers n'apprécièrent pas de perdre le privilège de toucher, à l'occasion de l'immatriculation, une recette importante, même si celle-ci pesait lourdement dans le plan de financement de la microentreprise[1]. Pour ne pas remettre en cause l'immatriculation automatique et sans frais, le gouvernement a dû s'engager à la limiter à trois ans après la déclaration. Les syndicats des

---

preneur", mais aussi une armée croissante de gens qui correspondent à cette description. »

1. Le coût des formalités (430 euros minimum) intègre les frais d'immatriculation, la taxe pour frais de la chambre des métiers, le stage obligatoire et les frais de dossier, conseil, etc.

salariés épinglèrent le risque pour les salariés de se faire licencier par le patron, qui préférerait faire appel à eux seulement quand il en aurait besoin. Dans les métiers en tension, certains syndicats patronaux trouvèrent au contraire regrettable que leurs salariés quittent les entreprises après des années d'apprentissage. Le Parti socialiste, qui avait du mal à admettre la mutation du modèle industriel et l'ouverture de la société salariale à d'autres types d'organisation, publia des communiqués assassins. La CFDT et la CGT réagirent de façon plus ouverte : elles reconnaissaient la montée du travail indépendant, bien qu'elles aient encore quelque peine à l'introduire dans leur feuille de route.

Les réactions des artisans n'étaient pas justifiées. Les artisans enregistrés sous le nouveau statut ne représentaient que 12 % du nombre total des auto-entrepreneurs. La crainte de la concurrence, ressentie essentiellement par le secteur du bâtiment, qui, en temps de crise, enregistrait une baisse de la demande, était d'autant plus disproportionnée que les auto-entrepreneurs s'intéressent surtout aux petits travaux de finition, d'entretien et de réparation, qui sont fort mal couverts par les artisans. Comme le remarque le directeur de l'APCE [1],

---

1. L'Agence pour la création d'entreprise.

CARTES POSTALES ENVOYÉES PAR LA CAPEB [1]
AUX PARLEMENTAIRES

L'ABSENCE D'OBLIGATION DE DÉCLARATION DU CHIFFRE D'AFFAIRES
DES AUTO-ENTREPRENEURS ENCOURAGE LE TRAVAIL DISSIMULÉ !

Danger général

*Réformez rapidement et profondément le régime
de l'auto-entrepreneur avant qu'il ne soit trop tard !*

www.capeb.fr - Plus forts ensemble - www.rebatirnotreartisanat.com

CAPEB

MÊME SECTEUR D'ACTIVITÉ : MÊMES DROITS, MÊMES DEVOIRS POUR TOUS !

Matière explosive

*Réformez rapidement et profondément le régime
de l'auto-entrepreneur avant qu'il ne soit trop tard !*

www.capeb.fr - Plus forts ensemble - www.rebatirnotreartisanat.com

CAPEB

---

1. Capeb : Confédération de l'artisanat et des petites entreprises du bâtiment.

111

les entreprises artisanales génèrent 175 milliards d'euros de chiffre d'affaires par an en France métropolitaine. Il faudrait 5,4 millions d'auto-entreprises qui arrivent toutes au plafond de 32 100 euros de chiffre d'affaires pour atteindre le même montant.

Contrairement aux affirmations de la Capeb envoyées par cartes postales à tous les parlementaires, et même si le mode de calcul est différent, les auto-entrepreneurs paient des cotisations équivalentes[1] et sont soumis aux mêmes réglementations que les entrepreneurs « classiques » en matière de qualification et d'assurance professionnelles. Il est vrai, en revanche, qu'ils ont souvent du mal à trouver un assureur qui accepte de les couvrir à un coût accessible pour les risques auxquels ils sont les plus exposés. Pour répondre à ces besoins, l'Adie a lancé en 2007, en partenariat avec Axa et la Macif, un programme de microassurance, qui comporte une offre d'assurance décennale.

Enfin, le reproche d'après lequel le régime d'auto-entrepreneur favorise une concurrence déloyale en développant le travail dissimulé, alors même qu'il permet à beaucoup de personnes de sortir de la trappe du travail au noir est tout aussi

---

1. Les taux de cotisations sociales de l'auto-entrepreneur correspondent à 42 % du revenu pour une activité commerciale ou artisanale. Les entrepreneurs relevant du régime fiscal de la microentreprise paient 46 % de cotisations.

injustifié. On a tout lieu de penser que ceux qui travaillaient auparavant au noir représentaient pour les artisans une concurrence beaucoup plus déloyale que celle des auto-entrepreneurs déclarés. Il est, cependant, de notoriété publique que dans le bâtiment notamment, beaucoup d'ouvriers sont engagés au noir le temps d'un chantier et que les ouvriers salariés à titre permanent empruntent souvent les outils de l'entreprise pendant le week-end, ce qui permet au patron de les payer moins cher. Mais peut-on leur reprocher ouvertement de sortir de l'ombre ? Plutôt que de revenir en arrière, le vrai enjeu est plutôt d'étendre la démarche de simplification des procédures fiscales et sociales amorcée avec la création du régime d'auto-entrepreneur aux autres statuts du travail indépendant. Côté défenseurs des salariés, la réaction négative semble encore plus étonnante. L'externalisation des activités et services, ne faisant pas partie du cœur de métier des entreprises, date en effet des années 1960, avant même la mondialisation. Ce n'est pas le régime de l'auto-entrepreneur qui est à l'origine de cette tendance qui provoqua de nombreux licenciements, bien que la loi permette de requalifier en salariés les travailleurs indépendants, qui n'ont qu'un seul donneur d'ordre.

Face à l'ensemble de ces critiques, l'immense avantage du régime est de permettre aux travailleurs pauvres de se défendre contre la déchéance et l'exclusion avec les armes du capitalisme, en devenant eux-mêmes entrepreneurs. Arrivant en même temps que la crise et l'accroissement du chômage, le nouveau régime facilite la création d'entreprises et de l'emploi. Pendant que le sommet de la pyramide s'effrite, le tissu entrepreneurial se rénove à la base. Ce double mouvement se traduit par deux chiffres : d'un côté, l'économie française a détruit, en 2009, près de 360 000 emplois. De l'autre, plus de 580 000 entreprises nouvelles ont été créées, faisant exploser les statistiques. Trois sur quatre sont des entreprises individuelles. Plus de la moitié des entreprises nouvelles sont créées sous le régime de l'auto-entrepreneur.

NOMBRE DE CRÉATIONS D'ENTREPRISES
ENREGISTRÉES ENTRE 2000 ET 2009

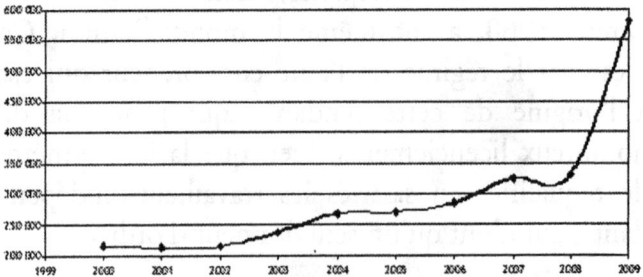

Source : Apce.

Bien sûr, tous les auto-entrepreneurs n'ont pas déclaré immédiatement de chiffre d'affaires et tous ceux qui vivent de la complexité ont épinglé avec satisfaction les « faux entrepreneurs », qui, bien évidemment, ne pourraient pas s'en sortir sans eux[1]. Et pourtant si une hirondelle ne suffit pas pour annoncer le printemps, quelque chose avait bougé dans l'univers sur-réglementé de la création d'entreprise. Il devint clair que ce n'est pas l'esprit d'entreprise qui manquait aux Français puisqu'il fleurissait dès que l'État relâchait un peu les contraintes administratives. Ce sont bien ces contraintes qui empêchaient les Français d'entreprendre.

Pour illustrer l'extrême diversité des besoins auquel répondait le régime d'auto-entrepreneur, je voudrais en donner quelques exemples : Aziz faisait de la peinture au noir et il gagnait trop peu pour pouvoir payer ses cotisations à l'avance. Il peut désormais se déclarer, mettre le nom de son entreprise sur sa camionnette, faire du marketing au lieu de se cacher et développer son activité, pour son bien et celui de la collectivité. Il gagnera plus en chiffre d'affaires et retrouvera sa dignité. Agathe, mère de famille, souhaitait faire du télésecrétariat en restant à la maison et ne pas trop développer son

---

1. D'après l'Observatoire de l'auto-entrepreneur et Opinionway, 69 % des auto-entrepreneurs ont réalisé, en 2009, un chiffre d'affaires mensuel de 1 044 euros en dégageant un revenu net de 775 euros et comptaient le doubler en 2010. À 83 % ils étaient satisfaits de leur expérience.

activité tant que ses enfants étaient petits ; elle pourra la proportionner au temps dont elle dispose, sans pour autant sortir du marché du travail. Jules était au chômage et voulait se mettre à son compte pour exercer le métier de graphiste qui était le sien, avant que les techniques du dessin se numérisent et que l'entreprise qui l'employait le licencie. Il savait que son chiffre d'affaires serait très faible au début et qu'il ne pourrait pas payer de charges prévisionnelles sous un autre statut. Rafaëlle était étudiante et la maison d'édition, pour laquelle elle voulait travailler comme lectrice, ne pouvait plus l'engager en CDD. Le statut de l'auto-entrepreneur lui permet de continuer en parallèle son travail et ses études.

L'entrepreneuriat populaire fait souffler un vent d'optimisme

Dans cette population de nouveaux entrepreneurs, l'Adie finance et accompagne ceux qui, faute de patrimoine, de revenu et de garantie, n'ont pas accès aux banques. La plupart sont enregistrés sous le statut de microentreprise et environ 30 % sous le régime de l'auto-entrepreneur. L'entrepreneuriat populaire, qui correspond à la clientèle de l'association, couvre une population de chômeurs, d'allocataires des minima sociaux et de travailleurs pauvres créant des entreprises dont le plan de financement est inférieur à 8 000 euros. Un quart de clients de l'association sait à peine lire et écrire, un quart a fait des études universitaires. Ils ne créent pas le même type d'entreprises mais réussissent aussi bien les uns que les autres, chacun allant au bout de son talent. Le risque, c'est la vie, et il vaut mille fois mieux tenter de sortir du chômage et de l'exclusion en prenant le risque d'échouer que de rester assis sur sa chaise, sans projet d'aucune sorte. Au demeurant, le risque d'échec est mesuré : les personnes financées par l'Adie sortent à 80 % des dispositifs d'aide, soit grâce à l'entreprise qu'ils ont créé et dont le taux de pérennité est du même ordre que la moyenne nationale, soit en trouvant un emploi salarié, qui leur convient mieux, mais qu'elles n'auraient jamais trouvé si elles n'avaient pas décidé de se mobiliser pour retrouver un horizon d'avenir.

Une enquête réalisée par l'institut CSA en mai 2009 pour mieux connaître l'impact de la crise auprès des microentrepreneurs financés par l'Adie aboutissait aux conclusions suivantes. Les microentrepreneurs étaient pour les trois quarts directement touchés par la crise. Leurs clients étaient moins nombreux et leur pouvoir d'achat avait sensiblement baissé. Leur comportement s'était également modifié : ils regardaient deux fois à la dépense et payaient moins bien qu'avant. Pour les microentrepreneurs, la concurrence des magasins *low cost* se faisait durement sentir. Ils rencontraient des difficultés financières de toute sorte, manquaient de trésorerie et, comme leur revenu avait baissé, 71 % d'entre eux avaient du mal à payer leurs charges. Une majorité d'entre eux se sentait plutôt seule pour affronter la crise. (Il est vrai que si l'on a beaucoup parlé des difficultés des banques, des grandes entreprises et des PME, à aucun moment on n'a parlé de celles de 2,7 millions microentreprises qui, étant en bout de chaîne, en cumulaient d'autant plus.) Aussi pour sept microentrepreneurs sur dix, en l'absence d'un appui de l'administration ou de la banque, c'est l'Adie qui faisait figure de soutien sur le plan financier. Pour deux microentrepreneurs sur trois elle apportait l'appui nécessaire en matière de conseil et de formation ainsi que le soutien moral dont ils avaient grandement besoin. Cet accompagnement couvrait tous les besoins de l'entreprise : gestion, marketing, démarches administratives, relations avec la banque, et allait jusqu'à l'aide pour prendre ou non la décision d'arrêter l'activité et de se réorienter vers d'autres activités. Le commerce était plus touché que les services. Le commerce ambulant, qui est, depuis des siècles, la porte d'entrée dans les petites activités économiques, était le plus atteint (pour 92 % des personnes interrogées). Les commerçants essayaient de s'en sortir par le biais de la pluriactivité, la vieille recette des pauvres, en combinant des petits boulots pour survivre. Près de 60 % des microentrepreneurs déclaraient qu'ils avaient dû réduire leur rémunération pour permettre à l'entreprise de survivre. Leur revenu mensuel moyen s'établissait désormais autour de 700 euros, et donc en dessous du seuil de pauvreté, mais, paradoxalement, plus de 80 % d'entre eux étaient optimistes. Cet optimisme détonnait par rapport à la morosité ambiante. Roland Cayrol, le directeur de l'institut CSA en a été le premier surpris. Il le commentait en disant : « Bien plus que les entrepreneurs classiques, les microentrepreneurs y croient. Leur volonté, les galères qu'ils ont déjà connues, leur forte identification à l'entreprise qu'ils ont créée leur donnent de la persévérance et du punch. Ils sont une population en mouvement, capable de trouver des solutions pour s'adapter à un contexte difficile. Une leçon à méditer pour les acteurs économiques traditionnels. »

Pourtant cet optimisme s'explique aisément : contrairement aux autres citoyens qui ont peur de se trouver déclassés par temps de crise, les microentrepreneurs venus du chômage n'ont rien à perdre. Alors que l'horizon était bouché devant eux, l'accès au microcrédit leur permet de mettre en œuvre leur projet, de se battre pour le réaliser, d'espérer sa réussite. En plus de l'espoir, ils retrouvent, à travers l'accompagnement de l'Adie, un lien social.

La vision des chômeurs créateurs d'entreprise

À l'occasion d'une conférence de Muhammad Yunus organisée par l'Adie, une cliente de l'association, Chantal Domboué, a lu l'extrait d'un livre qu'elle prépare sur la création d'entreprise par les chômeurs. Je le cite en entier, car il explique bien le sentiment de beaucoup d'entre eux :

« Le parcours de chaque créateur d'entreprise est unique, mais le point commun de tous est le parcours de combattant. Vivant le chômage chronique, j'ai arrêté de rêver, à un certain moment, car je voyais qu'il n'y avait pas de place pour moi sur le marché du travail. J'avais trop de handicaps : pas assez qualifiée, trop vielle, femme étrangère, couleur noire (je me rappelle que quand j'appelais pour une offre d'emploi, dès qu'on captait mon accent étranger, l'enthousiasme n'était plus de mise). Étant une personne ambitieuse, j'ai dit non à la fatalité. Mon projet était de créer une entreprise à vocation sociale, une activité qui ouvre une fenêtre sur le monde social, culturel et professionnel. N'ayant pas un sou, j'ai choisi de m'implanter en zone franche afin de pouvoir bénéficier d'exonération de charges pendant les premières années. J'ai contacté un bureau de gestion, qui m'a conseillé de commencer par une étude de marché. Ne pouvant pas faire appel à un cabinet, j'ai fait mon étude avec l'aide d'un étudiant. Sachant que la concurrence est rude, j'ai fourni tout un travail en amont, à savoir aller sur le terrain, observer le travail des concurrents, rencontrer les clients potentiels, étudier leurs besoins, pour ensuite faire la différence, en agissant autrement le moment venu. La création d'entreprise commence toujours par une idée, que les proches peuvent trouver soit géniale, soit banale. Ce qu'il faut, dès qu'on a l'idée et l'envie de s'en sortir, ou l'envie d'indépendance, c'est aller jusqu'au bout. Si ça ne marche pas, ce n'est pas grave. Les mauvaises expériences servent toujours pour reculer et mieux sauter. Même les professionnels les plus avertis ne peuvent certifier à 100 % que telle idée aboutira et telle autre n'aboutira pas. C'est sur le terrain que tout se joue. Les professionnels m'ont certifié que je ne tiendrais pas plus de six mois, car mon projet n'est pas porteur, mais je suis encore dans la course deux ans après. Et puis, l'étude de marché n'est pas fiable à 100 %. Je ne vois presque pas la clientèle que je ciblais au départ. Je me retrouve avec une autre clientèle qui ne figure pas sur les résultats de mon enquête.

» Donc, une fois que l'idée est là, il ne faut plus la perdre de vue. Ça va être le début d'une première bataille acharnée qu'il faut tout faire pour gagner, parce que l'environnement de l'entrepreneuriat est comme un cercle fermé pour l'ancien chômeur. C'est comme une cour des grands où l'ex-chômeur ou l'ex-rmiste n'est pas le bienvenu. Je me rappelle une phrase que le banquier m'a lancée quand je lui ai demandé à bénéficier d'un découvert de 300 euros. "Estimez-vous heureuse qu'on ait ouvert un compte professionnel pour vous. On aurait pu dire qu'on ne voulait pas de vous ici."

» Donc la première bataille est la recherche de fonds, la recherche de local, si le client vient vers vous, comme dans mon cas. Pour les fonds, il faut chercher le maximum d'aides possibles, sachant que toutes ces aides viennent en complément d'un prêt. Et comme, bien entendu, les personnes exclues, comme moi, n'intéressent pas les banquiers, il n'y a plus qu'une seule solution : c'est l'Adie.

» Une fois que vous arrivez à faire aboutir votre idée, vient ensuite la deuxième bataille qui est psychologique. On entre dans un monde inconnu avec l'angoisse et la peur, qui sont le lot commun de l'entrepreneur. Beaucoup d'obstacles à contourner. Il faut veiller sur son entreprise comme sur son enfant. Mais il ne faut surtout pas se décourager à la première difficulté qui se présente. Il faut réagir vite et efficacement. Il faut savoir prendre les bonnes décisions en cas de crise : s'entourer d'amis qui vous encouragent, qui peuvent vous aider moralement ou financièrement. Mais toute cette bataille peut être vaincue par une seule arme, qui s'appelle le client. Il faut savoir le séduire par tout moyen et savoir le garder. Sans client, la bataille est perdue. C'est lui qui a le dernier mot.

» Une fois que vous gagnez la bataille, c'est la liberté qui ouvre ses portes. On n'a personne sur le dos à nous dicter ce qu'il faut faire ; on n'a de comptes à rendre à personne ; on n'a pas de patron qui nous emmerde, pas de collègue qui nous embête ; on est seul maître à bord. C'est bien connu, la liberté passe par la souffrance. »

Après la révolution industrielle des prolétaires, voici donc la révolution tertiaire des entrepreneurs populaires qui va modifier en profondeur l'économie française tout en servant d'ascenseur social pour ceux que la société salariale exclut du marché de travail. C'est elle qui peut contribuer à limiter « l'effet sablier ».

L'innovation sociale

La France a la réputation d'être à l'origine de nombreuses innovations technologiques, mais de ne pas savoir les reconnaître et les exploiter. C'est plus vrai encore des innovations sociales, qui, d'après la définition européenne, correspondent « à la conception et à la mise en œuvre de réponses créatives aux besoins sociaux ». Très naturellement, l'innovation sociale ne naît pas dans les bureaux de l'administration, mais vient du terrain, des initiatives prises par les citoyens face à des problèmes concrets qu'ils rencontrent dans tous les domaines de la vie quotidienne : emploi, santé, éducation et autres. Cela a été particulièrement vrai de la libération de l'entrepreneuriat populaire et des moyens de son développement, qu'il s'agisse de l'accès au financement ou des adaptations du cadre institutionnel. Au-delà de l'appui en ordre dispersé, apporté à l'Adie par différents services de l'État, les institutions publiques, les collectivités locales, les banques et le secteur privé, il a fallu attendre plus de vingt ans avant que l'inspection générale des Finances se voie confier la mission d'évaluer globalement l'intérêt du microcrédit du point de vue des politiques publiques et arrive à la conclusion qu'il s'agit là d'un instrument efficace de création d'emploi, qui permet aux pouvoirs publics des économies substantielles dans la lutte contre le chômage[1]. Il n'est pas pour autant certain que l'État tirera les conclusions pratiques de cette évaluation.

Au moment où l'Europe développe « la 27ᵉ Région », son laboratoire de l'innovation sociale et où un Bureau de l'innovation sociale est créé à la Maison-Blanche, il serait intéressant que la France

---

1. Rapport sur le microcrédit professionnel et personnel de l'IGF, publié le 14 mars 2010 sur le site www.economie.gouv.fr.

prenne davantage en compte ce moyen de réforme, associant acteurs publics et privés et permettant d'éviter des révolutions violentes, qui sont, historiquement, la voie de changement préférée de notre pays.

5.

La reconnaissance des invisibles

> Le mode de production de la vie matérielle conditionne le processus de vie social, politique et intellectuel en général.
>
> Karl Marx

Où l'on évoque les tendances lourdes, qu'elles soient technologiques, démographiques ou budgétaires, qui soutiennent l'évolution de l'économie vers les petites unités de production, négligées jusqu'à présent.

Le caractère déterminant des technologies et la destruction créatrice

Depuis Karl Marx on sait que l'évolution des technologies est un facteur déterminant de l'activité économique. C'est l'invention de la machine à vapeur à la fin du XVIIIᵉ siècle qui a été le premier pas vers la mécanisation des métiers à tisser et la révolution industrielle. Mais Karl Marx n'avait pas prévu que d'autres technologies, impossibles à imaginer il y a cent cinquante ans, pouvaient remettre en cause l'économie industrielle, déplacer et fragmenter la production, développer un secteur tertiaire nouveau dans lequel les technologies numériques créent à la fois de nouvelles activités dans la sphère virtuelle, mais aussi dans la sphère réelle, puisqu'il faut bien, par exemple, produire, emballer et transporter ce qu'on vend sur le Web.

Pour comprendre le monde aujourd'hui, il est utile de procéder à un savant mélange entre la pensée de Karl Marx et celle de Joseph Schumpeter, qui vient d'une famille d'idées opposée et qui, davantage préoccupé par l'évolution des cycles économiques que par la lutte des classes et le triomphe du prolétariat, inventa le concept de la « destruction créatrice ».

La désindustrialisation et la montée des services

Les nouvelles technologies de l'information ont facilité une mondialisation partielle de l'économie, celle du grand capital à la recherche d'une force de travail la moins chère possible. Le modèle industriel actuel n'a plus beaucoup à voir avec le modèle fordiste. Il ne traite plus toute la chaîne de création de valeur, comme les usines du temps jadis. Il externalise les segments de production qui ne correspondent pas à son avantage comparatif. Les nouvelles technologies permettent de changer l'organisation du travail et de diviser la chaîne de création de valeur en s'organisant en réseau, au niveau local ou au niveau mondial.

Dans cette nouvelle division du travail, les pays émergents fournissent la main-d'œuvre bon marché qui permet d'assurer la production de masse. Ils revivent ainsi les premières phases du capitalisme avec la création de grandes usines, l'exode rural et l'exploitation du prolétariat. L'industrie française et européenne a perdu, quant à elle, une part de ses fonctions de production. Depuis trente ans, en France, 65 000 emplois industriels disparaissent en moyenne chaque année. Après le textile, le secteur automobile est menacé à son tour.

Le processus de désindustrialisation a été accéléré avec la crise : plus de 168 000 emplois du secteur ont disparu en 2009 [1].

Même si la baisse des emplois industriels est accentuée par l'externalisation des emplois de services ne correspondant pas au cœur de métier de

---

1. Étude de Pôle emploi, août 2010.

ÉVOLUTION COMPARÉE DES EFFFECTIFS SALARIÉS
DE L'INDUSTRIE ET DES SERVICES
AU COURS DES QUARANTE DERNIÈRES ANNÉES

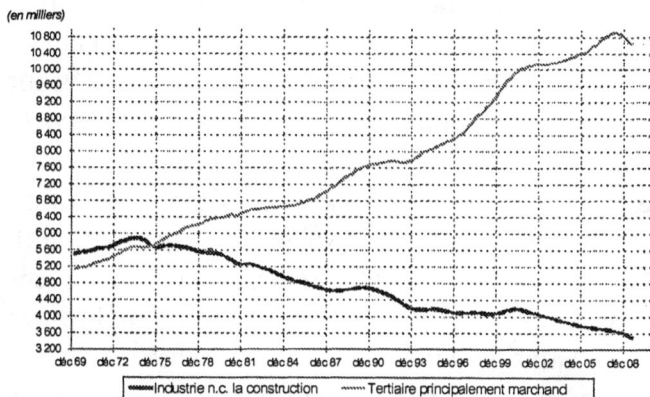

(en milliers)

Source : DARES/traitement Adie.

l'entreprise, il n'y a guère de chances qu'elle puisse remonter. Tout au plus pourrait-elle être stoppée, grâce à l'innovation et à la tendance croissante à la séparation des tâches. En attendant c'est le secteur tertiaire qui compense les pertes, bien que, avec la crise, son solde net soit, pour la première fois, négatif : – 44 300 emplois en 2009. Les services exigent moins d'investissement et peuvent être facilement organisés en petites unités de production, éventuellement reliées en réseau. C'est la raison pour laquelle l'économie postindustrielle a de grandes chances, plus encore qu'aujourd'hui, d'être fondée sur des microentreprises.

129

Les nouveaux services

Selon les prévisions officielles [1] et bien que l'on en parle peu, préférant rêver au regain de l'industrie, la tertiarisation de l'économie va se poursuivre. Les cinq domaines professionnels qui connaîtront une création d'emploi importante sont les services aux particuliers (assistantes maternelles, aides à domicile, employés de maison), la santé et l'action sociale (infirmiers, aides-soignants, sages-femmes), les transports et la logistique (chauffeurs, manutentionnaires), les métiers administratifs (employés et cadres) ainsi que le commerce et la vente.

À côté de ces métiers traditionnels, une gamme infinie de services nouveaux est en train d'apparaître, en lien avec la protection de l'environnement, dans le champ d'aménagement des territoires et du cadre de vie, de la prévention des risques et des pollutions, de la gestion des ressources naturelles – et plus particulièrement des économies d'énergie et des énergies renouvelables – ainsi que de l'éducation et de la sensibilisation aux problèmes de l'environnement.

La plupart de ces métiers peuvent être exercés aussi bien dans le cadre du travail salarié que du

---

1. Centre d'analyse stratégique et Dares : « Les métiers en 2015 », rapport du groupe « Prospective des métiers et qualifications », janvier 2007.

travail indépendant. Ils ont la triple caractéristique de rapprocher le capital et le travail, comme le prônaient jadis les socialistes utopistes, d'être moins sensibles aux aléas économiques et de ne pas pouvoir être délocalisés. Parmi les projets liés à la protection de l'environnement, financés par l'Adie, on trouve pêle-mêle le nettoyage des voitures sans utilisation d'eau, le ramassage de la ferraille, l'isolation des combles, le maraîchage biologique, le tourisme rural. La plupart sont fermement ancrés dans les territoires et contribuent à l'aménagement de l'espace ainsi qu'au développement local.

Le vieillissement de la population

Les turbulences de la crise accrochent plus les esprits que la lente mais sûre évolution démographique. La population du monde augmente et vieillit. L'espérance de vie dans les pays développés était, en 1900, inférieure à cinquante ans. Elle atteint aujourd'hui soixante-dix-huit ans et continue de monter. En 2050, une personne sur trois sera à la retraite et une sur dix aura plus de quatre-vingts ans [1]. La baisse parallèle de la natalité, qui heureusement n'atteint pas autant la France, rend ce vieillissement démographique plus lourd encore à

---

1. Prévisions de la population mondiale des Nations unies, 2009.

porter. D'après les estimations du Fonds monétaire international, le coût du vieillissement de la population est sans commune mesure avec celui de la crise. Et ce coût pèsera sur un nombre plus limité d'actifs. Le vieillissement se traduira par une baisse de productivité et de croissance, le manque de main-d'œuvre et l'accroissement des dépenses de santé, de retraite et de dépendance. L'État ne pourra plus se permettre de laisser les jeunes au chômage. S'ils ne trouvent pas d'emploi salarié, il devra les aider à créer leur propre entreprise. Cette création sera par ailleurs facilitée par le goût croissant des jeunes pour plus d'autonomie et de créativité.

En détruisant des emplois, la crise a certes compliqué la donne. Il n'en reste pas moins que l'évolution démographique aura sur l'emploi un double effet positif : celui d'augmenter mécaniquement le nombre d'emplois à pourvoir, liés au départ à la retraite des générations du baby-boom, pour autant que les activités correspondantes se maintiennent, et celui de créer des emplois de services au bénéfice des personnes âgées, dont le nombre va croître considérablement par suite de l'allongement de la vie.

La réforme inévitable du modèle social français

Lors d'une émission de radio, un auditeur m'a posé la question : « Ne croyez-vous pas qu'à force de parler de la création d'entreprises, on va finir par tuer le travail salarié ? » Question naïve que l'on peut traiter avec mépris, mais qui traduit le désarroi de tous ceux qui ont cru qu'un modèle économique est éternel et qu'on peut faire toute sa carrière dans la même entreprise. Parce que les technologies de l'information ont ouvert de nouvelles perspectives d'organisation du travail et de concurrence mondiale, parce que les enjeux de l'environnement ont changé, parce que notre pays vieillit et que sa dette publique devient abyssale, le modèle français fondé sur l'industrie, le travail salarié et l'État providence va dans le mur. Certes, il résiste mieux que d'autres à la crise, du fait de l'importance du secteur public, mais il ne peut tenir à long terme, faute de moyens et d'horizon commun. Il n'existe pas, en France, de vrai projet de développement économique et de cohésion sociale. Le coût social de notre modèle est trop élevé : 8 millions de personnes marginalisées, vivant en dessous du seuil de pauvreté, sacrifiées par la gauche comme par la droite. Son coût financier est trop lourd pour un État en faillite, qu'il s'agisse d'une fonction publique pléthorique et mal ajustée aux besoins, comme le démontrent les derniers rapports de la

Cour des comptes, ou d'une protection sociale, embourbée dans la « dépense passive pour l'emploi », alors que c'est d'une « dépense active » qu'on aurait besoin. L'État préfère financer le chômage dont le coût annuel par personne peut être évalué à 13 000 euros en coût direct et 33 000 euros si tous les coûts indirects sont pris en compte, que l'accompagnement d'un chômeur à la création d'entreprise, dont le coût est évalué à 2 000 euros, trois à cinq fois moins qu'un contrat aidé.

Le développement du travail indépendant et des microentreprises

Convaincue depuis vingt ans que le travail indépendant représente un gisement d'emplois, Adie a bâti, à partir d'obstacles rencontrés par ses clients, un plan de développement du travail indépendant, qui n'est pas réellement pris en compte dans les politiques de l'emploi. Le droit d'entreprendre, qui est un droit constitutionnel, est systématiquement subordonné aux intérêts corporatistes.

• *Intégration du travail indépendant dans les politiques de l'emploi* : La première mesure proposée est de créer une cellule consacrée à la révision de l'ensemble des mesures législatives et réglementaires déjà existantes pour vérifier qu'elles ne freinent pas le développement des microentreprises et du travail

Plan de développement
du travail indépendant

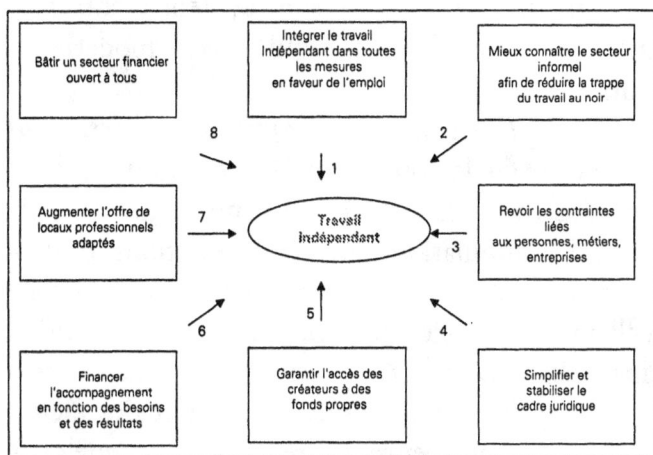

indépendant. À l'image de la Small Business Administration [1], cette cellule pourrait ensuite valider, suivant le même critère, toutes les nouvelles mesures législatives ou réglementaires.

• *Connaissance du secteur informel* : Une connaissance quantitative et qualitative du secteur informel permettrait de réduire la trappe du travail au noir et de faciliter le développement des activités menées dans ce cadre. L'importance du secteur informel est

---

1. La Small Business Administration, créée aux États-Unis en 1953, a pour objectif de soutenir la création et le développement des petites entreprises. Elle intervient notamment dans le domaine de l'accompagnement, de la garantie et de l'amélioration de l'environnement des petites entreprises.

estimée dans la comptabilité nationale par soustraction, mais aucune enquête directe n'est menée pour le connaître, comme si son existence entachait l'honneur d'une économie qui se veut moderne et industrielle.

• *Assouplissement des contraintes personnes/ métiers* : Dans le contexte de la transposition de la directive « services », il est indispensable de passer en revue l'accumulation des réglementations professionnelles afin de ne conserver que celles qui sont réellement justifiées par l'intérêt général. Le principe de base devrait être de séparer les métiers nécessitant une formation professionnelle et des tâches très simples, qui peuvent être apprises en quelques jours et, avec un contrôle technique, constituer un sas d'entrée dans le marché du travail, pour les jeunes et les adultes peu qualifiés.

• *Simplification du cadre juridique notamment en ce qui concerne les cotisations sociales* : Il peut être intéressant d'élaborer une loi d'organisation ou un code du travail indépendant qui compilerait l'ensemble des dispositions applicables aux travailleurs indépendants à l'image de la loi espagnole du 11 juillet 2007 sur le statut de travailleur autonome. L'effort de simplification devrait toucher plus particulièrement le système des cotisations sociales en généralisant son mécanisme de paiement en temps réel et en fonction du chiffre d'affaires, quel que soit le régime fiscal choisi et en permettant aux pluriactifs de choisir, pour la gestion de leur protection sociale, une seule caisse de rattachement.

• *Accès des chômeurs créateurs d'entreprise aux fonds propres* : Alors que la création d'entreprise devient, avec la crise, la voie majeure vers la création d'emploi et que 40 % des créateurs d'entreprise viennent du chômage, tous les dispositifs apportant le minimum de fonds propres à ceux qui en sont démunis, qu'il s'agisse des jeunes, des quartiers ou des minima sociaux, ont été supprimés. Nacre[1], qui, en dehors de sa fonction d'accompagnement, est à l'heure actuelle le seul dispositif de l'État destiné aux chômeurs, est essentiellement un mécanisme de bonification des taux orienté vers des projets importants (60 000 euros en moyenne), qui n'ont pas véritablement besoin pour boucler leur plan de financement d'une avance remboursable à taux 0, plafonnée à 10 000 euros. Le dispositif est limité par ailleurs à 20 000 projets alors que le nombre de chômeurs créateurs d'entreprises est dix fois plus important.

• *Accès à l'accompagnement* : Depuis 2005, l'accompagnement des créateurs d'entreprise est éligible aux fonds de formation professionnelle. Il reste à obtenir, ce qui n'est pas encore fait, l'accès effectif à ces fonds dans le cadre du FPSPP[2], justifié

---

1. Nouveau dispositif d'accompagnement à la création et reprise d'entreprise.
2. Fonds paritaire de sécurisation des parcours professionnels.

tant par la part croissante des chômeurs créateurs d'entreprise dans la création d'emploi que par leur besoin évident de formation et de soutien.

• *Accès aux locaux professionnels* : La rareté et le coût des locaux professionnels dans les quartiers sensibles sont un des freins majeurs à la création d'entreprise. Au-delà des petites avancées obtenues pour permettre l'exercice d'une activité commerciale dans les HLM [1], la solution passe par l'intégration des locaux professionnels dans les plans de rénovation urbaine et par la mise en place d'un fonds de garantie des loyers commerciaux dans les ZUS [2] en liaison avec le Fonds de cohésion sociale et les bailleurs sociaux.

• *Bâtir un secteur financier ouvert à tous* : Depuis 2001, différentes dispositions législatives ont permis aux associations habilitées d'emprunter pour prêter et d'améliorer les conditions de leur intervention. Les progrès rapides du microcrédit vont nécessiter d'autres ajustements, tant au niveau des banques que des organisations de microfinance.

Les microentreprises et les dinosaures

Au total, l'hypothèse de départ de l'Adie, misant dès 1988 sur le développement des services, n'a cessé de se vérifier, comme en témoigne la courbe de

---

1. Habitations à loyer modéré.
2. Zones urbaines sensibles.

croissance des effectifs du secteur tertiaire. Le travail indépendant a pu, lui, exploser ouvertement à partir du moment où les obstacles réglementaires ont été levés. Le microcrédit, dont il est question dans le chapitre suivant, devient l'outil financier incontournable de la phase postindustrielle. Cette conclusion paraît étonnante lorsqu'on voit, à la suite de la crise, un regain de fusions et d'acquisitions au niveau mondial, aboutissant à la création de multinationales gigantesques, que ce soit dans le secteur manufacturier, celui de la finance ou celui des services. Pourtant l'un n'est pas en contradiction avec l'autre, car l'économie locale est un prolongement indispensable de l'économie-monde et inversement. La question que l'on peut se poser aujourd'hui dans la perspective de la forte croissance démographique de la planète est : « Laquelle des deux est la plus fragile ? » Celle qui exploite des ressources fossiles limitées ou des produits financiers dits toxiques, qui produit des biens inutiles qui encombrent les décharges ou pire, des biens de destruction massive, qui un jour finiront par exploser, ou celle qui se fonde sur les besoins essentiels, l'agriculture locale, les circuits courts, le petit artisanat, les services à la personne ? L'histoire des civilisations disparues penche plutôt pour la seconde. L'histoire des dinosaures également[1]. Ils périrent à la fin de l'ère secondaire sous l'effet

1. *La Raison du plus faible*, Jean-Marie Pelt, Fayard, 2009.

d'un refroidissement soudain de la température, qui provoqua la disparition temporaire des plantes dont ils se nourrissaient. À l'époque, on ne connaissait pas encore le principe « *Too big to fail* ». Les mammifères, qui dans ces temps étaient très petits, surent mieux résister, grâce à leurs faibles besoins en nourriture et à leur meilleure régulation thermique. Les plantes survécurent également grâce à la dormance de leurs graines et permirent à la vie de recommencer.

6.

Bâtir un secteur financier
ouvert à tous

L'argent, comme le fumier, ne fructifie que si on
prend soin de le répandre.

Francis Bacon

*Où l'on montre qu'il est possible et nécessaire de
mettre le capital au service du plus grand nombre, au
bénéfice de la croissance et de l'emploi, mais aussi de la
confiance et de la démocratie économique.*

Du crédit informel au microcrédit

Depuis des siècles, la finance est au cœur de
l'économie. À l'époque préindustrielle, elle prenait
déjà en compte les riches comme les pauvres. Le

141

crédit était pratiqué partout sous des formes différentes allant de la tontine au prêt sur gage en passant par des prêts personnels. Les marchands l'utilisaient pour développer le commerce, les explorateurs pour découvrir des contrées lointaines, les rois pour faire la guerre et les pauvres, comme le décrit Laurence Fontaine[1], pour jongler avec leur manque chronique de ressources et simplement survivre. Le crédit était l'instrument permettant à tous ceux qui n'avaient que leur travail pour vivre de ne pas tomber dans la misère lors de crises économiques liées aux famines, épidémies de peste ou guerres qui frappaient régulièrement l'Europe. Il permettait aussi de faire face aux risques récurrents, qu'il s'agisse de variations de prix de pain ou de maladie. Les gens du peuple faisaient appel au crédit (qu'on pourrait appeler crédit à la consommation) dès qu'ils n'arrivaient pas à joindre les deux bouts et plus particulièrement en période de soudure, mais aussi pour des dépenses exceptionnelles comme la célébration des baptêmes, mariages et funérailles ou pour le paiement des impôts. Ils empruntaient aussi (du crédit à l'entreprise dirait-on aujourd'hui) pour financer toute activité génératrice de revenu qui contribuait aux ressources du ménage. Les paysans empruntaient pour les semailles. Les artisans pour acheter leurs matières premières. Les femmes pour

---

1. Laurence Fontaine, *Économie morale : pauvreté, crédit et confiance dans l'Europe préinustrielle*, Gallimard.

vendre quelques légumes au marché. Les créanciers étaient membres de la même communauté, propriétaires de la terre, marchands ou usuriers. Les relations se sont distendues au sein de la société depuis l'exode rural. Tout en rapprochant géographiquement les gens, l'urbanisation les a coupés les uns des autres. Dans une société urbanisée, l'homme est un étranger pour l'homme. Plus de solidarité entre le propriétaire et le métayer, entre le petit épicier et son client, entre les voisins qui s'entraident. Ce crédit informel a disparu en France avec l'exode rural et la rupture des liens sociaux, en même temps que le travail indépendant diminuait au bénéfice du travail salarié et que l'État providence se substituait à la solidarité sociale. Le crédit bancaire fondé sur la garantie et des méthodes de *scoring* n'ouvre pas l'accès au crédit aux plus pauvres. Le développement du microcrédit, à partir des années 1970 dans les pays en voie de développement et des années 1980 dans les pays industriels, comble un vide, mais ne constitue pas une innovation absolue. En Europe, les premiers monts-de-piété ont été créés en Italie, au XVe siècle, à l'intention des pauvres exploités par les usuriers, au même moment que se développait le crédit destiné aux grands marchands. Les coopératives d'épargne-crédit furent lancées en Allemagne au XIXe siècle par Raiffeisen au bénéfice des petits paysans, en plein milieu de la révolution industrielle. Le but de la microfinance, que nous avons essayé d'introduire en France en adaptant l'expérience de la Grameen Bank au Bangladesh, est de remettre en culture ce champ d'économie réelle, laissé en jachère depuis longtemps. C'est, au-delà de la France, un champ immense car il comprend la grande majorité des petits acteurs économiques à travers la planète. Jusqu'à présent on ne pensait pas à eux, car ils représentaient ce monde préindustriel qui était si loin de nous. Mais voilà que l'économie industrielle, que nous pensions implantée en Europe une fois pour toutes, est en train de s'effacer peu à peu au bénéfice d'une économie davantage fondée sur les services. Et tout en préservant ce qui peut être sauvé en matière d'industrie, tout en soutenant les entreprises innovantes à la recherche d'un nouveau filon d'or, il faut bien développer et organiser cette économie nouvelle dont une part importante est fondée sur l'entrepreneuriat populaire.

Bâtir un secteur financier ouvert à tous – slogan de l'année internationale du microcrédit de 2005 – signifie ouvrir l'accès aux services financiers à un milliard et demi de personnes qui en sont aujourd'hui privées, alors que le nombre des clients de la microfinance dans le monde ne dépasse pas 150 millions. En France, l'entrepreneuriat populaire tel qu'il est défini par l'Adie [1] représente, en

---

1. Voir chapitre 4.

2009, 135 000 personnes[1]. Le taux de pénétration actuel de l'association est donc de l'ordre de 10 %. Mais la clientèle potentielle du microcrédit, qui n'a pas accès au crédit bancaire, est beaucoup plus large et peut être évaluée grossièrement à 10 % des chômeurs n'ayant pas de ressources propres, soit 300 000 à 400 000 personnes.

C'est notamment à partir de l'expérience française, la plus développée en Europe de l'Ouest, que la Commission européenne a élaboré l'Initiative européenne pour le développement du microcrédit en faveur de la croissance et de l'emploi, publiée en novembre 2007, et mis en œuvre, avec l'appui du Parlement européen et de la Banque européenne d'investissement, un dispositif financier de 20 puis de 100 millions d'euros, destiné à soutenir, en partenariat avec les banques, les institutions européennes de microfinance.

Les clients du microcrédit

Qui sont aujourd'hui les clients du microcrédit ? Tous ceux qui ont besoin d'accès au capital pour se mettre à leur compte, mais qui n'ont ni revenu ni patrimoine qui leur permettraient de faire appel au

---

1. Voir chapitre 4, p. 116.

crédit bancaire. Les clients de l'Adie sont donc essentiellement des chômeurs, des allocataires des minima sociaux et des travailleurs pauvres avec une part importante de femmes, de jeunes, de seniors, de personnes d'origine immigrée, de gens du voyage, bref de tous ceux qui d'une façon ou d'une autre sont, plus que d'autres, en marge de l'économie et souffrent, plus que d'autres, de toutes sortes de discriminations. Pour autant, ce ne sont pas les idées qui leur manquent, ni le courage de les transformer en réalité.

Ainsi, Julie, qui vend des tapas sur le marché de Cahors, s'allie avec Mélissa pour créer un nouveau concept de « Porteuses de popottes » livrant sur les lieux de travail des repas qu'elles préparent elles-mêmes pour le prix d'un ticket restaurant.

Mohammad, cinquante et un ans, dont neuf années au chômage, monte une microentreprise de travaux de bricolage et d'entretien de jardin.

Zourha a grandi en France mais est partie en Algérie en 1970 pour suivre son mari. Elle y est, pendant dix ans, la gérante d'une auto-école. À la suite de son divorce, elle revient en France avec ses cinq enfants. Elle connaît le chômage, les petits boulots, mais arrive à passer le concours de monitrice, qui lui permet d'ouvrir une auto-école.

Aujourd'hui, elle est à la tête de deux auto-écoles employant quatre salariés.

Baptiste a passé un BTS audiovisuel option « son » et s'est orienté vers les utilisations commerciales de la musique pour la publicité, l'accueil au téléphone ou les sites Web. La formation Créajeunes[1] mise en place par l'Adie lui a permis de monter son projet et d'acquérir les bases de gestion et de relations commerciales nécessaires pour créer son entreprise. Il est aujourd'hui un jeune entrepreneur efficace, passionné par son métier.

L'entreprise dans laquelle elle travaillait s'étant trouvée en faillite, Irène a passé un an au chômage avant de créer son propre emploi : vendre de la lingerie sur le marché et sur Internet. Comme beaucoup de petits commerçants, elle a été durement touchée par la crise. Elle a trouvé la solution en diversifiant son activité : elle vend désormais la lingerie sur Internet et des plats cuisinés sur le marché.

Jean, trente et un ans, master en mathématiques et diplômé d'informatique était allocataire du RMI. Il a créé NumériFives, une société qui numérise sur

---

1. Programme de formation à la création d'entreprises des jeunes des quartiers.

DVD des enregistrements VHS ou Super-8. Un an après la création, il recrute son premier salarié.

André a été licencié dans le cadre d'un plan social. Arrivant au bout de ses indemnités chômage, il refuse de se trouver au RMI et devient ouvrier agricole allant de village en village ramasser des asperges ou cueillir les fruits. Au bout d'un an ou deux, sa femme et lui n'en peuvent plus d'un travail physique éreintant et d'une vie en roulotte, auxquels ils n'étaient pas habitués. André imagine un service de maintenance et formation informatique à domicile. Il crée Go-Micro avec un prêt de 4 000 euros. C'est un succès. Pour les vingt ans de l'Adie, il nous offre ses vœux signés par 550 salariés de la société dont les effectifs ont continué à se développer depuis. Aujourd'hui, il a vendu son entreprise pour prendre sa retraite.

Toutes les histoires sont belles car, au-delà de leur aspect économique et financier, elles ont une épaisseur humaine inestimable. Ce sont des histoires d'intelligence créatrice, de résilience et de courage, dont la caractéristique majeure est qu'elles permettent de sortir d'un parcours de galère, de prendre sa revanche sur les humiliations vécues, d'aider les autres. Aussi, je voudrais raconter plus en détail deux d'entre elles : l'une qui est un échec provisoire et l'autre un succès, en sachant que ni l'une ni l'autre ne sont terminées et pourront rebondir de mille et une façons dans les années qui viennent.

Bertrand Kom est né à Douala en 1969. À quinze ans, il arrive en France avec sa famille. Il passe son bac et obtient le diplôme d'un institut universitaire de technologie. Ayant rédigé sa thèse sur la communication en matière du sida, il décide d'appliquer ses recommandations dans son pays d'origine. Il y fait du marketing social entre 1994 et 1998, mais a du mal à se réadapter à l'Afrique et revient en France. Sans papiers, il tente de rejoindre la Grande-Bretagne. Il est refoulé et gardé dans le centre de rétention d'Arras, jusqu'à ce qu'un jugement lui permette de rester en France. Il choisit de s'installer à Toulouse, où il a fait ses études, mais il est sans famille, sans travail et sans domicile fixe, hébergé dans une cave par un ami. Lorsqu'il est enfin régularisé, il est recruté par une société d'immobilier, où il passe quatre ans, terminant comme responsable d'un plateau de cinquante personnes. Ayant quitté son employeur, il décide de créer son entreprise dans le secteur du développement durable. Aucune banque n'accepte de financer son projet. Pire, pour ouvrir son compte professionnel, il est obligé de solliciter l'intervention de la Banque de France. Il s'adresse à l'Adie qui lui fait un prêt de 5 000 euros. Cela lui permet de créer Inseha, dont la première activité est de proposer aux entreprises et aux particuliers un package comprenant un détecteur d'incendie, sa pose, une explication de quinze minutes et une garantie de cinq ans. Un fournisseur d'équipement l'oriente vers les premiers clients, dans le centre-ville, puisqu'il n'a pas de voiture. Une société de distribution lui accorde une ligne d'encours. Ces trois rencontres jouent un rôle déterminant dans le démarrage de son projet. Devant le peu d'enthousiasme des banques, il obtient un second financement de l'Adie : un prêt de 5 000 euros complété par un prêt d'honneur de même montant. Son activité s'ouvre aux énergies alternatives. Il propose une vaste gamme de solutions – photovoltaïque, solaire thermique, et thermodynamique, pompes à chaleur, géothermie, aquathermie, poêles à bois, éolien – permettant de maximiser les économies du client. Son chiffre d'affaires double chaque année : 86 000 en 2006, 480 000 en 2007, 1,2 million en 2008, 2 millions en 2009. Il prévoit 5 millions en 2010.

L'entreprise assure non seulement l'installation de l'équipement mais fait auparavant le diagnostic énergétique du bâtiment et conseille le client sur les aspects techniques, fiscaux, financiers. Le capital d'Inseha passe de 5 000 à 125 000 euros en 2009, mais, sans patrimoine et propriétaire à 90 % de l'entreprise, Bertrand Kom a toujours du mal à se faire financer par les banques. Quoi qu'il en soit, il continue d'avancer. Pas seulement en développant son chiffre d'affaires, mais en essayant de faire d'Inseha une entreprise citoyenne. Comme la plupart des clients de l'Adie, Bernard n'oublie pas le parcours de galère qu'il a, lui-même, vécu. Il compte désormais trente-cinq salariés. Ils sont recrutés moins en fonction de leur diplôme que de leur motivation, de leur sérieux et de leur endurance. Un sur deux a moins de trente ans, un sur deux est en réinsertion, un sur cinq a plus de cinquante ans. Inseha est un centre de formation agréé, accueillant de nombreux apprentis ; elle dépose des brevets liés à l'utilisation des énergies renouvelables et puisque la solidarité n'a pas de frontières, pour chaque installation, elle équipe une classe au Niger en plaque photovoltaïque.

Née en 1960 dans le désert algérien, Mariem arrive en France à deux ans, quatrième d'une fratrie de sept enfants. Pendant huit ans la famille vit dans le bidonville de Nanterre. Le père est éboueur. La mère tombe malade en 1966. Elle est atteinte de schizophrénie et internée dans un hôpital psychiatrique. Très vite Mariem doit, avec sa sœur, s'occuper de la maison. À neuf ans elle fait le couscous pour toute la famille. En 1970 le bidonville est démoli et la famille s'installe temporairement dans la cité de transit aux portes de Gennevilliers. La transition dure près de dix ans, jusqu'à l'attribution d'une HLM à Asnières. Mariem va à l'école de façon assez irrégulière. On lui conseille de faire un CAP de coiffeuse, qui ne la passionne pas. Elle abandonne vite pour cause d'allergies et fait toutes sortes de petits boulots : ménages, soins aux personnes âgées, garde-malade à domicile dans les beaux quartiers.

En 2007, à la mort de la personne dont elle assurait la garde, elle décide de réaliser son rêve : ouvrir un petit restaurant où elle pourrait faire la cuisine de son pays. Elle trouve un local, l'aménage, investit toutes ses économies et contracte auprès de l'Adie un prêt de 5 000 euros complété par un prêt d'honneur du même montant. Dans le bidonville, elle et ses frères et sœur se faisaient moquer par les autres, qui les traitaient d'« enfants de la folle ». Elle prend sa revanche en donnant au restaurant le nom de sa mère, Messaouda.

En 2008, elle fait un chiffre d'affaires de 52 000 euros et un petit bénéfice. En 2009, la situation se détériore : sa fille Samira a un bébé et ne peut plus l'aider, la crise fait baisser d'un quart le nombre de ses clients. Le 30 juin 2009, elle est obligée de fermer et son comptable lui conseille de laisser l'EURL[1] en sommeil. Elle n'arrive pas à revendre son fonds de commerce. Elle résilie le bail à l'amiable et perd une bonne partie de son investissement initial. En dépit de la mise en sommeil de l'EURL, le RSI[2] lui demande de payer 400 euros de

---

1. Entreprise unipersonnelle à responsabilité limitée.
2. Régime social des indépendants.

cotisations sociales par trimestre. Mariem en est incapable, n'ayant désormais pour ressources qu'une allocation mensuelle de 400 euros.

Pour autant, elle ne veut pas rester assistée. Elle sait aujourd'hui que le loyer de son restaurant était trop lourd par rapport au bénéfice qu'elle pouvait réaliser. Elle s'est fait avoir en payant deux fois le prix du marché. Elle sait aussi que c'est difficile de mener un restaurant seule. Si elle arrive à régler la clôture de son EURL, elle va recommencer petit, en vendant des plats maghrébins au marché de Gennevilliers. Oui, elle va s'en sortir.

Les mille facettes du crédit

De même que l'homme a mille facettes, l'argent est porteur de sens multiples. Il est l'instrument d'échange, d'épargne et d'investissement. Il permet de créer de la richesse, d'évaluer celle du voisin, d'accumuler ses économies sous le matelas ou dans un coffre-fort, mais aussi de réaliser ses projets les plus fous.

Au-delà de son rôle économique et financier, le crédit a une fonction sociale et psychologique importante : il permet de tisser des liens sociaux en établissant des relations de confiance, il redonne l'espoir en laissant des exclus retrouver la dimension du futur et de se projeter dans l'avenir, il facilite l'inclusion sociale en permettant à ceux qui créent leur propre emploi de retrouver leur autonomie et leur place dans la société. Il transforme les relations de don, qui sont dans bien de cas celles de la dépendance, en relations d'échange, qui sont celles de l'égalité. Comme l'argent en général, il est un instrument de pouvoir pour les plus pauvres, le pouvoir de réaliser ses rêves, et de devenir maître de son destin.

Dans cette perspective, réduire l'argent à la seule dimension de profit, ce qui est la base du capitalisme, n'a pas grand sens. Orienter ce profit vers ceux qui sont déjà riches en a moins encore. Mettre l'argent au service de l'homme, en développant la microfinance au bénéfice des 4 milliards de personnes qui vivent dans le dénuement, y compris les 8 millions de personnes qui vivent en France en dessous du seuil de pauvreté, paraît en revanche un objectif à la hauteur des enjeux du XXIᵉ siècle.

Un tel but a encore plus de sens si, au-delà de l'intérêt individuel, on se place dans l'optique de développement de la démocratie. Le crédit est, en effet, l'instrument le plus efficace de démocratisation de l'économie, dans la mesure où il ouvre accès au capital à tous ceux qui n'en ont pas, sans remettre en cause la répartition des richesses, et sans toucher au droit de propriété. Il partage l'avenir, pas le présent.

Aussi le microcrédit et plus largement la microfinance, qui inclut les autres services financiers – épargne, assurance, transferts, etc. –, sont désormais inscrits dans le paysage de l'économie mondiale et, en dépit des difficultés suscitées par la crise, ils ont toutes les chances de se développer comme outils financiers d'une économie pré et postindustrielle mais aussi comme instruments de dissémination du pouvoir économique.

Le triple équilibre du microcrédit

Pour jouer efficacement ses multiples rôles, le microcrédit doit trouver un triple équilibre entre son objectif social, la couverture des coûts et la protection des usagers.

Servir les plus pauvres
L'objectif social est évident. Il ne s'agit pas de faire concurrence aux banques dont les services financiers correspondent, tout au moins dans les pays développés. aux besoins d'une large majorité de la population. Il s'agit, au contraire, d'être un sas d'entrée dans les circuits bancaires classiques, pour ceux qui en sont aujourd'hui exclus. La réalisation de cet objectif est moins simple qu'elle n'en a l'air.

Bien qu'il existe une clientèle potentielle très vaste – à titre d'exemple, l'enquête menée par le Microfinance Centre (MFC) en Pologne, en 2006, l'évalue à 2 millions sur une population active de 17 millions d'habitants –, elle vit éloignée de la finance, se contentant des services bancaires de base, fournis par la poste et les caisses d'épargne. Pour la faire accéder au microcrédit, il faut un travail préalable d'information, d'éducation financière et de marketing social. Les institutions de microfinance ont des publics assez différents et, du coup, des performances sociales très variables. La façon la plus simple d'évaluer l'impact social est de regarder le rapport entre le montant moyen du prêt et le PIB par habitant. Entre la France où ce taux est de 38 % et la Hongrie où il avoisine 193 % du PIB, le public visé n'est pas le même. Un score social, mis en place par certaines institutions de microfinance (IMF), et notamment l'Adie, permet de veiller à ce que celles-ci ne cèdent pas à la facilité en s'écartant de leur public cible. En limitant la liquidité, la crise a eu pour effet de pousser un certain nombre d'IMF vers le haut de la clientèle, en accordant des prêts plus importants qui permettent plus facilement de couvrir les coûts.

Atteindre l'équilibre financier

Il n'y a pas de mot français pour le concept anglais de *sustainability*. Pour qu'un programme de microcrédit se pérennise et puisse, le cas s'échéant, s'étendre a d'autres clients, il faut couvrir ses coûts. Un programme de microcrédit financé par subventions est éminemment fragile. Il suffit d'un changement de politique du gouvernement ou de la collectivité publique, d'un déficit budgétaire de l'un ou de l'autre, pour que les robinets se tarissent, obligeant le programme à s'arrêter. Une institution de crédit ne peut démarrer sans fonds propres, puisque la clientèle, au début, est inexistante. Son encours croît progressivement, permettant de générer un revenu à travers les intérêts des prêts. L'objectif final est que ce revenu couvre l'ensemble des coûts de la ressource et du risque ainsi que les coûts opérationnels. Or un taux de 10 % sur un prêt de 2 000 euros rapporte dix fois moins que sur un prêt de 20 000 euros, alors que les coûts opérationnels sont plus élevés pour une clientèle qui ne répond pas aux critères bancaires. Il est donc inévitable que le taux d'intérêt des IMF soit, en règle générale, plus élevé que les taux courants des banques, d'autant plus que celles-ci peuvent couvrir une partie des coûts de crédit par des commissions perçues sur d'autres services financiers. La réprobation de l'opinion publique, fondée sur l'idée que les pauvres ne doivent pas payer plus que les riches, n'est pas économiquement justifiée. Comme dit Gilles Deleuze, « il suffit de ne pas comprendre pour moraliser ». Cette réaction, généreuse dans son principe, oublie, en effet, deux points essentiels : le premier est que les personnes en difficulté n'ont pas accès aux banques, précisément parce que les taux bas ne permettent pas de couvrir les surcoûts des petits prêts en termes de risque et de temps passé à les traiter. Le second est que pour les prêts de faible montant et de courte durée, le taux d'intérêt représente une charge relativement faible. À titre d'exemple, le passage du taux d'intérêt sur les prêts de l'Adie de 7,8 % à 9, 7 % a représenté sur les montants moyens de 2 800 euros et des durées moyennes de dix-huit mois une augmentation de 7 euros par mois. L'association a organisé des groupes de discussion à travers toute la France pour connaître l'avis des emprunteurs. De façon unanime, ils ont considéré qu'une somme de 7 euros de plus par mois ne changeait rien à leur compte d'exploitation et que le plus important pour eux était d'avoir accès au crédit. Fatoumatou, qui fait du commerce avec le Sénégal, a résumé l'avis d'un des groupes : « Si tu prêtes 100 et gardes 20, c'est correct. Ça nous permet de faire du profit. » D'autres ont insisté sur le fait que le prêt de l'Adie est accompagné de services financiers et non financiers importants pour les clients. La prime régionale ainsi que le prêt d'honneur à taux 0, lorsqu'on peut les mobiliser, apportent le minimum de fonds propres ou de quasi-fonds propres nécessaires pour démarrer. La formation et le conseil en matière de démarches administratives et juridiques, de gestion, de marketing et de bancarisation facilitent la création d'entreprise et assurent sa pérennité. Menés par des permanents et des bénévoles, ils sont tous les deux gratuits. Le package, produits financiers et services d'accompagnement a, au total, un coût très faible pour le client.

Protéger les usagers

Le troisième pilier du microcrédit est la protection des usagers. Le but final n'est pas d'édifier des IMF pérennes, mais de permettre à ces IMF de servir leur clientèle de manière à ce qu'elle retrouve son autonomie, sa dignité, sa place dans la société. Ce but ultime est particulièrement important à rappeler dans un contexte où le secteur de la microfinance se développe rapidement, mais où l'appui des donateurs se raréfie et pousse à des approches plus commerciales. Certaines institutions ont alors tendance à déraper vers la recherche du profit au détriment de leurs clients. Pour toutes ces raisons, le secteur de la microfinance a lancé la Smart Campaign, une campagne pour la protection des usagers contre le risque de surendettement, fondée sur cinq principes, qui vont de la transparence des prix jusqu'à la confidentialité des données fournies par les clients, en passant par des modes de recouvrement non coercitifs, la mise en place des mécanismes de médiation et un comportement éthique du personnel. En 2010, l'Adie a reçu le prix d'excellence accordé par le MFC et la Smart Campaign.

Les acteurs du microcrédit

Dans les pays pauvres, la bancarisation est peu développée. La grande majorité de la population qui vit dans les zones rurales ou dans les faubourgs des grandes villes n'a pas accès aux banques. Aussi, le microcrédit s'est développé en dehors du secteur bancaire proprement dit, à travers des institutions de microfinance de toutes sortes, créées à l'initiative locale ou étrangère. En faisant son apparition dans les années 1970, il fut une innovation dans la mesure où il a ouvert l'accès au crédit aux pauvres à des taux compatibles avec leurs capacités de remboursement. Bien que cette vague de microcrédit ait touché en même temps l'Asie, l'Amérique latine et l'Afrique, la plus connue des institutions de microfinance reste la Grameen Bank du Bangladesh, grâce à la capacité de son fondateur Muhammad Yunus d'aller bien au-delà de la création d'un nouveau modèle de banque au service des pauvres, en conceptualisant l'expérience et en la diffusant à travers le monde. Aujourd'hui, il existe des modèles les plus divers de banques spécialisées, de coopératives d'épargne-crédit, d'institutions non bancaires ou de banques commerciales disposant d'un guichet spécial de microcrédit. Si la majorité de ces institutions a été créée dans les pays en voie de développement, où le travail indépendant est prédominant, le microcrédit est aussi en voie de développement en Europe et aux États-Unis pour répondre aux besoins d'une économie fondée sur les services. Dans beaucoup de ces pays, le cadre institutionnel et législatif, conçu pour des grandes entreprises et des institutions financières qui ne s'adressent pas aux publics les plus pauvres, présente de nombreux obstacles au développement du microcrédit. Fait remarquable, en France, l'Adie a pu amender la loi bancaire grâce à l'appui de l'Association française de banques en obtenant, pour les associations habilitées par un comité créé auprès du ministère de l'Économie et des Finances, le droit d'emprunter pour prêter. C'est grâce aux banques et à leur responsabilité sociale qu'elle refinance ses prêts et bénéficie d'un soutien financier en matière d'accompagnement, des projets pilotes ou des actions menées dans les quartiers difficiles. Ce soutien, crucial pour l'association, se prolonge par un mécénat de compétences et un appui bénévole de certains cadres, qui enrichit les deux parties. En France, comme dans le monde, le microcrédit a été l'une des premières manifestations du « social business », le nouveau visage de l'économie de marché, dont nous parlerons dans le chapitre suivant.

Si, au plan international, les grandes agences de coopération ont financé le démarrage de nombreux programmes, en France, le secteur public, les collectivités territoriales et le Fonds social européen ont joué un rôle déterminant dans le développement du microcrédit en finançant la formation et le conseil aux chômeurs créateurs d'entreprise, rendus indispensables par la complexité de l'environnement et par la difficulté des individus de réintégrer le marché du travail dont ils avaient été exclus pendant des périodes relativement longues. Dans d'autres pays, et c'est notamment le cas en Italie, l'Église tente de développer elle-même le microcrédit à taux 0. Partout, le microcrédit a été complété, progressivement, par d'autres services financiers, crédit à la consommation, épargne, microassurance, transferts, etc.

Comment évaluer le microcrédit ?

Parce que l'outil financier a des facettes multiples et parce que l'économie du développement se montre souvent rétive aux efforts des experts, rien n'est plus difficile que d'évaluer le rôle du microcrédit dans la lutte contre la pauvreté. Une chose est claire : il ne peut résoudre, à lui tout seul, tous les problèmes. Bien que les praticiens du microcrédit soient souvent attaqués sur cette prétendue croyance, je n'en connais aucun qui pense que dans les pays les plus pauvres de la planète, pris en tenaille entre la croissance démographique et le manque de terres cultivables, pays souffrant de tous les maux du sous-développement – gouvernance instable, corruption, manque d'infrastructures, insuffisance des services de santé et d'éducation –, le microcrédit pourrait, à lui seul, renverser la tendance. Il le peut d'autant moins que le crédit est aussi une dette, qu'il faut rembourser après l'avoir fait fructifier, alors que les personnes qui se trouvent dans des situations de pauvreté absolue ne sont pas toujours en mesure de le faire. Dans les situations les plus difficiles, elles ont besoin de don et non de prêt. C'était déjà la règle prônée par Calvin. C'est aussi l'un des principes clés du microcrédit proposés par le CGAP [1] à toutes les agences de développement et approuvés par le sommet du G8, réuni à Sea Island en 2004. Lorsque ces principes ne sont pas respectés ou dans des circonstances particulières de désastre ou de crise, l'impact du microcrédit peut être négatif, comme celui de tout crédit distribué à mauvais escient, en poussant les emprunteurs vers des situations de surendettement. Il est, à cet égard, particulièrement inquiétant de constater la dérive de

---

1. Consultative Group to Assist the Poor est un centre de recherche, conseil et information sur la microfinance localisé à la Banque mondiale à Washington, bénéficiant de l'appui de trente agences de développement bilatérales et multilatérales et fondations privées.

certaines IMF voyant désormais dans le microcrédit non plus un instrument financier au service des pauvres, mais un investissement hautement rentable pour les riches. Après l'entrée en bourse de Compartamos, au Mexique, en 2007, celle de SKS, une IMF indienne, qui espère lever à la bourse de Bombay plus de 350 millions de dollars pour assurer sa croissance, suscite les mêmes craintes, d'autant plus que dans le contexte particulier de la crise, les clients des IMF doivent faire face à des difficultés quotidiennes et ont de plus en plus de mal à rembourser les prêts. Cette conséquence de la crise n'a pas épargné la France où la baisse du pouvoir d'achat des classes populaires s'est répercutée sur les résultats des microentreprises.

Il n'est pas justifié pour autant de remettre en cause, comme le font certains économistes, le rôle économique du microcrédit, alors qu'il ne viendrait à l'esprit de personne de nier le rôle du crédit en général et du crédit aux entreprises en particulier, sous prétexte que l'emprunteur peut faire faillite.

Pour évaluer son impact, il n'est pas indispensable de mener des évaluations statistiques lourdes, alors qu'il est relativement facile dans le cadre du système d'information de l'institution de microfinance de suivre les indicateurs essentiels portant sur les clients, les activités financées et leur pérennité d'une part, le volume d'activité, le risque et la couverture des coûts de l'institution d'autre part, en les complétant par des enquêtes de satisfaction et des enquêtes d'impact.

Au total, il faut reconnaître l'évidence : le micro-crédit et la microfinance, en général, sont des instruments financiers indispensables aux publics pauvres, tout comme ils le sont aux couches plus aisées de la population, sans pour autant être le moyen exclusif et suffisant de développement économique.

Le microcrédit est, bien au-delà de son rôle financier, un instrument de confiance, d'espoir et d'égalité des chances, aspects qui échappent généralement aux économistes, mais dont l'impact sur l'économie et sur la société est réel.

Il est aussi l'instrument permettant à une multitude d'acteurs de prendre des initiatives économique, dont la somme est *a priori* plus efficace qu'une initiative centrale. Il est, en même temps, un instrument de fragmentation du capital et donc du pouvoir économique, qu'il permet de démocratiser.

7.

De l'économie sociale
à l'entrepreneuriat social
et au développement durable

Nous ne créons pas une économie fantaisiste dans le ciel. Nous créons une économie réelle.

Muhammad Yunus

Où l'on explore les anciennes et nouvelles pistes pour réinventer un capitalisme d'entreprise au service de l'homme et où on prône la fécondation croisée entre les différentes approches d'économie solidaire.

Pas plus que le crédit, l'entrepreneuriat social n'est pas une invention nouvelle. Il y a toujours eu des hommes et des femmes qui se sont préoccupés du bien commun avant de s'intéresser à leur intérêt propre et qui pensaient, pour reprendre le proverbe chinois, que plutôt que donner un poisson, il valait mieux apprendre aux pauvres à pêcher et même, comme dit Bill Drayton, à industrialiser la pêche. Mais, en même temps, il y eut une sorte de séparation entre l'économie de l'échange, domaine privilégié des riches, et l'économie de ceux qui n'avaient pas grand-chose à échanger. L'invention des pièces de monnaie, au IVᵉ siècle avant J.-C., fut une première étape majeure de la démocratisation des échanges. Mais la séparation s'accentua de nouveau avec la naissance du capitalisme, l'opposition entre le capital et le travail et la naissance, *in fine*, de l'État providence censé prendre en charge ceux que l'économie de marché abandonnait au bord de la route. Et c'est en réaction contre la nouvelle religion du profit qu'est née, au XIXᵉ siècle, l'économie sociale, qui, cent ans plus tard, prit la forme de l'économie solidaire, puis celle de l'entrepreneuriat social. Dans les trois cas, il s'agit d'une forme d'économie qui se situe à mi-chemin entre la logique du marché et celle de l'intérêt général. D'un côté, elle s'inscrit, en effet, dans les exigences de l'entreprise qui doit couvrir ses coûts pour faire face à la concurrence et assurer sa pérennité, de l'autre, elle poursuit un but social ou sociétal, intervient souvent dans le secteur des biens essentiels et réinvestit ses bénéfices, au lieu de maximiser le profit distribué aux actionnaires.

Les débuts et l'emprise de l'économie sociale

Si l'entraide, fondée sur la mutualisation des moyens de production, et notamment du travail, a été pratiquée, dans le cadre des groupements traditionnels, au sein de toutes les sociétés rurales, l'économie sociale est née au XIX⁰ siècle, avec le développement des associations ouvrières ou agricoles, ayant pour but de résister aux conditions de travail difficiles de la révolution industrielle. Aussi a-t-elle une histoire qui alterne entre des initiatives et actions concrètes, et la réflexion théorique des socialistes utopistes et des luttes sociales. Un des premiers exemples de coopérative ouvrière, en France, est la société créée par Jean-Baptiste Godin pour fabriquer des poêles en fonte, mais aussi pour créer un modèle alternatif de société qui s'incarne dans la construction entre 1859 et 1884 du familistère de Guise, qui met à la disposition des ouvriers de l'usine des logements, des écoles, des magasins, un théâtre, une piscine, etc. La société coopérative a été rachetée par le Creuset en 1968. Si le site est devenu un lieu de pèlerinage, l'activité industrielle continue de se développer.

L'économie sociale regroupe, aujourd'hui en France, 2,2 millions d'emplois, dont 1,7 million dans les associations. S'étant longtemps battue pour avoir une existence légale, elle a tendance à se définir par le statut des groupes qui la composent :

coopératives, mutuelles, associations et fondations. Elle a ses principes, clairement codifiés dans le cas des coopératives : la primauté de l'homme sur le capital, un patrimoine collectif et impartageable et un processus de décision démocratique : « une personne, une voix », en cohérence avec les textes internationaux de l'Alliance coopérative, de l'OIT et de la Commission européenne. Dans le secteur agricole, où les coopératives jouent un rôle important, plus particulièrement dans le secteur laitier et vinicole, les membres détiennent le capital tout en étant utilisateurs exclusifs des services. La coopérative est le prolongement de l'exploitation pour tout ce qui concerne les services d'approvisionnement en amont et services de collecte, transformation, commercialisation en aval. Le statut coopératif dépasse cependant, de loin, le secteur agricole. Il s'applique également à la grande distribution, avec par exemple les magasins Système U. Dans le secteur de la production des biens et services, les Scop[1] tirent leur origine des associations ouvrières du XIXe siècle. Elles permettent aux salariés de mutualiser les risques et le pouvoir de décision en détenant au moins 51 % du capital et 65 % des droits de vote. C'est notamment le cas du groupe Chèque Déjeuner ou de l'école de conduite ECF. Plus récemment, la création du statut des SCIC[2]

---

1. Sociétés coopératives ouvrières de production.
2. Sociétés coopératives d'Intérêt collectif.

169

permet à des sociétés anonymes ou à des SARL[1] de produire des biens et des services d'intérêt collectif en associant les bénéficiaires, les contributeurs, les salariés et les bénévoles, au service d'un but non lucratif et en pondérant le pouvoir de chaque groupe grâce à un système de collèges. C'est le cas par exemple des Artisans du monde.

Les mutuelles se sont particulièrement développées dans le secteur financier. Les banques mutualistes et les mutuelles d'assurance tiennent aujourd'hui une part considérable du marché, en concurrence avec les banques et compagnies d'assurance classiques. Bien qu'elles conservent la structure mutualiste et une emprise territoriale, les principes démocratiques y sont plus difficiles à respecter à cause du nombre de clients-sociétaires. Dans un esprit de concurrence avec les banques commerciales, la plupart des banques mutualistes ont voulu s'affranchir de leur traditionnel marché de proximité pour se lancer dans des opérations financières plus larges, sans que le résultat leur ait toujours donné raison.

Les associations et fondations couvrent tous les domaines de la vie des citoyens, de la lutte contre l'exclusion et de la protection de l'enfance jusqu'au développement de la culture et des sports. La distance

---

1. Sociétés anonymes à responsabilité limitée.

est grande entre le Crédit agricole, première banque française, et l'association des joueurs de pétanque d'un petit village de Provence, plus grande sans aucun doute qu'entre une banque mutualiste et une banque commerciale, qui fonctionnent toutes les deux sur la base du profit et sont soumises aux mêmes règles prudentielles. Si on additionne, néanmoins, comme on l'a fait plus haut, ses différentes composantes, l'économie sociale représente près de 12 % de l'emploi en France, non compris, bien sûr, les innombrables activités bénévoles des citoyens.

Bien que le secteur coopératif soit fier de marquer sa différence, il est clair que dans une économie de marché, il a des nombreux liens de parenté avec l'entreprise classique. En dépit de leurs caractéristiques particulières, les coopératives sont aussi des sociétés commerciales soumises aux mêmes lois du marché. Leur statut ne peut garantir à lui tout seul un fonctionnement démocratique. C'est la volonté des membres et le comportement des dirigeants qui jouent en la matière un rôle prépondérant. Mais si la mondialisation, en étendant le territoire, rend le bon fonctionnement des coopératives plus difficile, leur avantage est de constituer un bouclier efficace contre les risques de délocalisation et d'OPA[1] hostile.

---

1. Offre publique d'achat.

En montrant la bonne résistance des entreprises sociales, due à la solidarité de salariés, la crise a fait ressortir l'intérêt des coopératives. Au lieu de séquestrer les dirigeants des entreprises en liquidation, pour obtenir, au mieux, une indemnité de départ, le personnel a la possibilité, dans certains cas, de racheter l'outil de travail et de le gérer en direct en partageant les résultats. Il y a de bonnes chances que cette pratique se développe pour résister aux aléas de la mondialisation.

L'actionnariat salarié

En marge de l'économie sociale, le souhait d'associer les salariés à l'entreprise de type classique a donné également naissance à l'actionnariat d'entreprise qui compte en France environ 3 millions de salariés et de retraités. Il existe dans les sociétés non cotées, comme celles du groupe Mulliez, et dans les sociétés cotées, où il atteint, dans certains cas, des pourcentages significatifs : 23,5 % du capital chez Eiffage, 21,1 % chez Safran, 15,9 % chez Bouygues. Il joue dans tous les cas un rôle positif en favorisant le partage de la valeur au bénéfice des salariés et en protégeant la société cotée en bourse des OPA hostiles. Dans la plupart des grandes entreprises, il reste, cependant, relativement peu développé et influence peu la stratégie de la société, tant du fait de sa faiblesse que par suite du rôle limité donné aux actionnaires dans la responsabilité des sociétés anonymes.

Il est d'autant plus intéressant d'évoquer le cas de quelques entreprises phares, comme Essilor, leader mondial en matière de verres correcteurs, présent dans cent pays. Essilor compte plus de 30 000 collaborateurs et bénéficie d'une longue tradition d'actionnariat salarié, trouvant ses racines dans la coopérative ouvrière d'origine, la vision humaniste de son président, Xavier Fontanet, pour qui le libéralisme se définit d'abord par rapport à la personne et une organisation qui lui donne un pouvoir réel. Cette organisation est fondée sur l'association Valoptec qui regroupe près d'un quart des salariés, encadrants de l'entreprise, détenteurs de 8 % du capital et de 15 % des droits de vote. L'association a un conseil d'administration international. Elle se réunit deux fois par an en assemblée générale et compte trois représentants au conseil d'administration d'Essilor, participant ainsi de façon concertée et efficace au choix de dirigeants et à la prise des décisions stratégiques, qui se fait par consensus. L'exemple d'Essilor montre, s'il le fallait, que l'innovation technique et les performances économiques ne sont, d'aucune façon, incompatibles avec la participation des salariés et une vision sociale, telles que l'imaginait le général de Gaulle.

Au contraire, les salariés comme les actionnaires en bénéficient. Mais, comme le dit Xavier Fontanet, il convient de partager d'abord l'aventure entrepreneuriale et ses valeurs.

Le passage à l'économie solidaire

La montée de l'exclusion a donné naissance, dans les années 1980, à l'économie solidaire, qui s'est définie moins par le statut et plus par l'objectif d'utilité sociale et environnementale. C'est ainsi qu'à côté du commerce équitable, de l'agriculture biologique, des services de proximité, de l'insertion par l'économique avec ses différentes composantes – entreprises d'insertion, associations intermédiaires, régies de quartiers – est née la finance solidaire. En s'associant avec l'économie sociale, le secteur prit le nom « d'économie sociale et solidaire » couvrant à la fois les grandes entités hautement rentables et les petites, qui ne couvrent pas leurs coûts et bénéficient de l'aide des pouvoirs publics.

L'économie sociale et solidaire s'est institutionnalisée avec la création des chambres régionales d'économie sociale et solidaire (CRESS) et reste, dans bien des cas, à la fois dépendante de l'aide publique et relativement fermée sur elle-même, avec un fort réflexe identitaire, face au secteur privé classique. S'étant constituée en réaction contre le capitalisme, elle tient avant tout à défendre ses valeurs, quitte, parfois, à ne pas grandir et à ne pas répondre aux besoins d'un public qui, normalement, devrait être le sien. Nombreux sont, en effet, ceux qui préfèrent que les structures restent petites et pensent que les statuts sont la garantie de leur caractère social. Mais les statuts, si utiles qu'ils soient, ne garantissent en rien la conformité aux objectifs. Pour prendre un exemple extrême, les coopératives étaient la base de l'économie socialiste, mais elles n'étaient qu'une façade derrière laquelle se cachait la dictature du parti. Et les petites structures, tout en jouant un rôle utile, n'ont pas d'impact significatif sur l'économie et sur la société. Une idée juste, celle de l'économie sociale et solidaire, ne peut grandir enfermée sur elle-même comme une famille ne peut vivre sans échanges et sans apport extérieur. La consanguinité mène à la dégénérescence et rien n'est plus stimulant que les croisements culturels. Au-delà du remarquable travail mené par beaucoup de ses membres, le développement de l'économie sociale et solidaire exige plus d'ambition, plus de confiance dans sa propre démarche, mais aussi plus de rigueur dans la mise en œuvre de son modèle économique, pour ce qui concerne tout au moins le secteur de l'insertion. On revient toujours aux principes de base : créer de la richesse avant de la distribuer, couvrir ses coûts pour assurer la pérennité de l'action, ne pas être à la merci des changements de politique de ses financeurs. Certes, les actions menées par telle ou telle institution ne sont pas directement comparables. Il y a des cassures d'êtres humains, dues à l'exclusion, qui sont quasi irréparables, bien plus que les manques liés à la pauvreté. Il ne faut pas s'attendre, dans ce domaine, que le traitement des grands accidentés de la vie ait le même coût que celui des soins courants ou préventifs. Deux faits paraissent néanmoins étonnants : le premier est qu'il n'existe quasiment pas d'évaluation permettant de comparer les coûts relatifs de telle ou telle activité d'insertion, qui, tout en tenant compte des différences de public, permettrait à l'État non seulement de mieux orienter son soutien, mais aussi de mieux prévenir des situations désespérées. Pire, lorsque l'idée est avancée, elle est rarement retenue par les services publics, comme par les structures d'économie solidaire. Lorsque, par miracle, elle l'est, les méthodes appliquées s'adaptent mal aux exigences humaines et opérationnelles. Le second, lié pour partie au premier, est que la volonté interne d'améliorer les performances économiques et financières est faible. Cela est dû, peut-être, au fait qu'en dehors de la facilité de faire appel à l'État et aux collectivités territoriales, facilité qui risque de disparaître avec le déficit des finances publiques, beaucoup de structures se heurtent à des obstacles législatifs ou réglementaires, qui ne leur permettent pas de rentabiliser pleinement leur action. Or s'attaquer aux problèmes de régulation n'est pas tout à fait le même métier qu'insérer les personnes en difficulté. Pour se développer, l'insertion par l'économique doit mériter pleinement son nom et, de ce point de vue, l'expérience des entreprises privées, qui s'engagent, elles aussi, dans l'entrepreneuriat social, est particulièrement intéressante.

La responsabilité sociale des entreprises

La responsabilité sociale (ou sociétale) des entreprises (RSE) est un concept apparu dans les années 1970 sous la pression de la société civile, permettant aux entreprises d'intégrer volontairement dans leur stratégie et dans leur activité des préoccupations sociales, environnementales et économiques. Ces préoccupations sont partagées avec les différentes parties prenantes de l'entreprise : actionnaires, consommateurs, salariés et le cas échéant des acteurs extérieurs, tels que les pouvoirs publics ou les ONG. Au lieu de représenter une contrainte, elles contribuent, généralement, à son succès. La RSE s'inscrit dans le cadre du développement durable et dans la philosophie « agir local, penser global ». Les entreprises françaises cotées en bourse doivent désormais inclure dans leur rapport d'activité une information sur les impacts sociaux et environnementaux de leur activité.

Comme tout ce qui est humain, la RSE n'est pas un comportement totalement désintéressé et évoque pour certains les indulgences achetées au Moyen Âge par ceux qui en avaient les moyens. Elle n'a pas de fondement juridique car, comme le dit Alain Supiot, « sans responsable clairement identifiable, sans organisation capable de demander des comptes et sans tiers devant qui répondre, cette responsabilité n'en est évidemment pas une ». Tout en faisant partie de la politique de communication de l'entreprise, elle a, néanmoins, un triple effet, sur l'engagement de son personnel, sur sa réussite commerciale et sur son financement, par des fonds d'investissement socialement responsable (ISR), qui se développent rapidement. C'est ce triple effet qui est la garantie de son développement et de sa pérennité et qui en fait l'amorce d'une redéfinition du rôle de l'entreprise dans la cité. Le mouvement s'appuie désormais, en France, sur un certain nombre d'institutions communes : l'Observatoire sur la responsabilité sociétale des entreprises (ORSE), le Forum pour l'investissement responsable (FIR), les agences de notation, comme Vigéo. Il s'insère, par ailleurs, dans une dimension européenne[1] et

---

1. Voir notamment le livre vert publié par la Commission européenne en 2001 qui considère qu'une entreprise est socialement responsable « si

internationale, notamment à travers le Global Impact Network.

Le développement de la RSE se traduit aussi par la création des fondations par les grandes entreprises socialement responsables, proposant à leurs salariés de s'engager, dans le cadre de leur activité professionnelle, dans un mécénat de compétences permettant de sortir de la stricte logique du profit. Le mécénat de compétences, comme le propose Catherine Chouard et l'Institut de l'Entreprise [1], peut en effet remplir une double mission : être un moyen de mettre en œuvre la responsabilité sociale de l'entreprise et, en même temps, un moyen de garder les compétences nécessaires à celle-ci, pendant les périodes critiques en contribuant à l'employabilité du personnel. Il peut aussi aider à résoudre le problème des cadres proches de la retraite.

La stratégie commerciale à la base de la pyramide

Un livre de C. K. Prahalad, professeur de stratégie d'entreprise à la Michigan Business School,

elle intègre volontairement des préoccupations sociales, environnementales et économiques à ses activités commerciales et dans ses interactions avec les parties prenantes ».
1. « L'entreprise de l'après-crise », institut de l'Entreprise, janvier 2010.

publié en 2006, a fait beaucoup de bruit dans le monde des affaires. L'idée de « *Fortune at the bottom of the pyramid : eradicating poverty through profits*[1] » est d'une grande simplicité. Elle consiste simplement à poser la question : entre les riches et les classes moyennes d'une part, les quatre milliards de pauvres d'autre part, où est le vrai marché ? Il est, bien sûr, à la base de la pyramide de l'économie mondiale, où le faible montant unitaire des transactions est compensé largement par leur nombre. Les grandes sociétés s'y aventurent peu, car leur première réaction est de penser que les pauvres n'ont pas les moyens d'acheter leurs produits et que, sans doute, ils n'en ont pas vraiment besoin. Mais il suffit d'adapter les produits aux besoins et contraintes de cet énorme marché pour que celui-ci devienne hautement attractif et rentable. Bien sûr, le conditionnement des produits et les méthodes de marketing ne peuvent pas être les mêmes. Compte tenu des revenus des clients, qui sont inférieurs à deux dollars par jour, les shampoings ou l'aspirine se vendent par dose, les allumettes par dizaine, le thé par sachet. Les prix doivent se compter en équivalent de centimes de dollars[2] et la publicité est fondée davantage sur le bouche à l'oreille que sur les

1. Traduit en français sous le titre : *Quatre milliards de consommateurs.*
2. À titre d'exemple on peut trouver en Inde des shampoings pour l'équivalent d'un centime, des biscuits pour l'équivalent de deux centimes, de l'huile ou du pain pour l'équivalent de dix centimes.

grandes affiches et les spots télévisés. L'effort d'imagination pour adapter l'offre à la demande est important et exige, souvent, des technologies avancées, compensant le manque d'infrastructures. Les grandes sociétés doivent collaborer, dans ce domaine, avec les pouvoirs publics, les ONG et les clients eux-mêmes, en changeant totalement de regard : au lieu de voir ces derniers comme des victimes de la pauvreté, ou de ne pas les voir, les entreprises les reconnaissent désormais comme des acteurs économiques responsables.

La réflexion de C. K. Prahalad ne va pas uniquement dans le sens des intérêts des grandes firmes, mais tente de transformer une situation où les deux parties sont perdantes en une opération gagnant-gagnant. Rien n'est pire, en effet, pour les pauvres que de ne pas exister aux yeux du marché. Ils paient des *penalties* sur les prix des produits et des services qui peuvent être cinq à vingt-cinq fois plus élevés que ceux pratiqués à l'égard des riches, alors que la suppression des monopoles locaux et une meilleure organisation de la distribution pourraient leur permettre de bénéficier de prix quasi équivalents. Ils subissent des taux d'usure pouvant monter à plus de 60 % par an, alors qu'une institution de micro-crédit pourrait leur prêter à 25 %. Ils perdent aussi en tant que producteurs, ne disposant pas d'information sur les marchés. Grâce au téléphone portable ou à l'Internet, ils peuvent mieux choisir leur acheteur. En fin de compte, si les grandes firmes gagnent un énorme marché de 4 milliards de consommateurs, dont elles savent déjà qu'il va se développer d'abord dans les villes, où la distribution deviendra plus facile, les pauvres gagnent l'accès à des produits de consommation moins chers et des conditions d'achat de leur production plus concurrentielles et donc plus avantageuses.

Certes, il ne faut pas se faire d'illusions sur le fait que toutes les entreprises privées s'intéresseront à la base de la pyramide pour des raisons éthiques autant que commerciales. Beaucoup y voient une occasion de gagner de l'argent et rien d'autre. Il y a toujours eu des exploiteurs du peuple, comme il y a eu des pirates et des escrocs et cela n'a pas empêché l'économie classique et l'économie sociale de se développer. Pourtant, même dans ce cas, le fait de découvrir une population qui, jusqu'à présent, n'était pas reconnue par les radars des grandes entreprises, présente un intérêt évident. Celui de faire entrer sur la scène mondiale les petits acteurs économiques à d'autres titres que celui de figurants.

L'entrepreneuriat social

Le monde continuant de s'ouvrir et de changer, d'autres mouvements se sont développés en parallèle ou en prolongement à l'économie sociale et solidaire, à la responsabilité sociale des entreprises et/ou à la stratégie de la base de la pyramide (BOP), soit à partir des initiatives individuelles parties de la base, soit à partir de celles des grands groupes soucieux de donner du sens à leur action. Il existe aujourd'hui en France 15 000 entreprises sociales qui œuvrent dans le domaine de l'insertion, de la santé, du handicap, etc. Elles sont soutenues par l'Agence de valorisation des initiatives socio-économiques (Avise), créée en 2002 sous l'impulsion de la caisse des dépôts et Ashoka France et financées par l'épargne solidaire et quelques fonds spécialisés. Elles bénéficient également du soutien des grandes écoles dont plusieurs ont créé des chaires d'entrepreneuriat social. Parmi les plus connues, Le Relais fait partie du groupe Emmaüs, avec pour but de remettre au travail par la collecte, le tri et la transformation de textile usagé, des personnes exclues du marché de l'emploi, qui se trouvent en marge de la société. Il emploie 1 350 personnes dont 350 en Afrique[1]. Les Jardins de cocagne donnent du travail à des personnes en difficulté en développant un maraîchage

---

1. Voir *Le Relais : envers et contre tout ; entretien avec Pierre Duponchel*, éditions de l'Échiquier, 2009.

biologique de proximité dont la production est vendue à des adhérents consommateurs. Le réseau compte 100 jardins, 3 000 salariés en contrat d'insertion et 15 000 adhérents consommateurs[1]. Plus récent, le groupe SOS mène, à travers diverses associations et entreprises d'insertion, des missions variées en matière de santé, soins à l'enfance, emploi et développement durable. Il compte 2 700 collaborateurs et 25 000 bénéficiaires[2].

Dans tous les cas la création d'une entreprise de ce type repose d'abord sur un entrepreneur social : Pierre Duponchel dans le cas du Relais, Jean-Guy Henckel dans le cas des Jardins de cocagne et Jean-Marc Borello dans le cas du groupe SOS. Chacun d'eux combine à la fois l'esprit d'entreprise, le désintéressement et l'engagement nécessaire pour réussir. Comme chaque entrepreneur social, il est épaulé par une équipe, qui partage les mêmes valeurs. Pour avoir lancé des programmes de microcrédit à l'étranger dans le cadre de l'AFD et de la Banque mondiale et recyclé cette expérience pionnière d'entrepreneuriat social en France dans le cadre de l'Adie, je peux témoigner à la fois de la difficulté de la tâche et du rôle majeur de l'équipe, qui est

---

1. Voir *Dans un pays de cocagne : entretien avec Jean-Guy Henckel*, éditions de l'Échiquier, 2009.
2. Voir *SOS contre toute attente : entretien avec Jean-Marc Borello*, éditions de l'Échiquier, 2009.

forcément une équipe de militants, associant souvent des salariés et des bénévoles. Le combat de l'entrepreneuriat social, mené en France par 15 000 institutions, grandes ou petites, est très prenant, car il faut se battre sur tous les fronts à la fois, mais aussi plein de récompenses à travers les résultats que l'on obtient concrètement chaque jour. Il n'y a pas de commune mesure entre l'argent que l'on gagne dans une entreprise de type commercial et la joie de voir un homme retrouver l'espoir, un enfant qui sourit, un handicapé qui arrive à mieux maîtriser sa vie. Aussi il n'est que normal que l'entrepreneuriat social ait subjugué également certains grands groupes et plus particulièrement ceux que la mondialisation a amenés sur les marchés des pays émergents où ils ont découvert le marché à la base de la pyramide. Sortant du domaine protégé de l'économie sociale et solidaire, l'idée de *social business* va plus loin que celle de la RSE et de la stratégie BOP[1]. Telle que la présente Muhammad Yunus, elle consiste à créer un marché parallèle qui ne soit pas fondé exclusivement sur le profit, mais qui vise à maximiser le bénéfice social. Concrètement, si un investisseur conventionnel vise un rendement de 15 %, l'entrepreneur social acceptera un profit entre 0 et 15 %, dans la mesure où son but n'est pas de gagner de l'argent, mais de résoudre un

---

1. Basis of the pyramid.

problème social. Pour y arriver, la première étape consiste à atteindre l'équilibre financier de l'entreprise, pour pouvoir pérenniser le programme et l'étendre à plus grande échelle. L'entreprise sociale ne fera donc pas de pertes, mais ne distribuera pas non plus de dividendes. Elle réinvestira ses bénéfices pour étendre son action au service de ses clients. Elle pourra travailler sur le même marché que les entreprises orientées vers le profit et entrer en concurrence avec elles. Mais elle pourra aussi avoir pour objectif de résoudre les problèmes que ni le marché seul ni l'État ne sont capables de résoudre. Son succès sera jugé non pas en fonction de sa rentabilité, mais par rapport au but qu'elle s'était fixé en matière sociale : amélioration de la santé des enfants, accès à l'eau potable, ou tout autre objectif d'intérêt général. Pour autant, il est clair que cette évolution ne peut se faire que progressivement, à partir d'expériences concrètes, en mettant au point un modèle technique et économique nouveau. Au-delà des actions lancées dans cet esprit, avec l'appui de la Grameen Bank, ou d'Ashoka, qui mène une croisade du même type, des grandes entreprises du CAC 40, que l'on croyait être des forteresses du capitalisme, se sont intéressées au concept. C'est ainsi qu'en France, Essilor, Danone, Veolia et plus récemment Adidas se sont lancés dans ce nouveau type de compétition. Les trois premiers exemples de grandes sociétés françaises engagées dans une stratégie BOP montrent que la démarche n'est pas aisée et qu'elle exige beaucoup d'efforts et de créativité.

Les grands exemples

Difficile de classer Danone parmi les organismes de l'économie sociale et solidaire, mais l'action d'entrepreneuriat social que la société mène à travers le fonds d'investissement Danone Communities en a bien les contours. La première expérience lancée dans ce cadre a été Grameen Danone, la création d'usines de transformation du lait mettant à la disposition des enfants du Bangladesh des yaourts d'une haute qualité nutritive à un prix accessible aux familles, équivalant à quelques centimes d'euro. Ce nouveau modèle économique, dénué de tout artifice, abandonne une large partie des dépenses de publicité, de packaging et de chaîne de froid et adopte pour une large part un circuit court, la distribution en zone rurale proche de l'usine étant assurée par les « Grameen ladies », les paysannes, clientes de la Grameen Bank. Afin de couvrir les coûts, le modèle fait appel à la péréquation : une partie de la production est vendue dans les villages en dessous du coût de la production, mais l'autre est écoulée en ville, où les prix pratiqués sont plus élevés. Le projet trouvera son équilibre financier avec trois usines, la deuxième étant déjà en préparation. À terme, les profits éventuels seront réinvestis dans d'autres usines du même type, ce qui correspond parfaitement aux principes de l'économie sociale et solidaire, et ceci d'autant plus que Danone Communities envisage la possibilité de remplacer le copyright sur les résultats de sa recherche-développement par le *copy left*, permettant à chacun de s'en inspirer librement. Au-delà de ce premier programme, Danone Communities s'engage dans d'autres projets liés à la nutrition, en inventant des nouveaux produits intégrant les céréales et les légumineuses locales. Alors que la boîte de sardines, la baguette et les brisures de riz importées étaient devenues la nourriture standard des villes africaines, voir le mil et le niébé [1] utilisés pour la confection du « Lemateki », suivant une recette amoureusement concoctée par François, ingénieur chez Danone, et Mme Diokh, restauratrice sénégalaise, est pour moi un vrai bonheur. Dans un autre domaine, celui de l'eau potable, l'approche de la Fondation Naandi soutenue par Danone Communities en Inde rénove les méthodes traditionnelles à travers un partenariat public/ privé efficace : les États indiens financent l'investissement alors que la fondation organise l'entretien et le fonctionnement des équipements, résolvant le lancinant problème des charges

---

1. Variété africaine de haricots.

récurrentes. Le partenariat permet au programme de progresser rapidement : les 400 sites vont devenir 2000 d'ici 2012.

Bien que Danone soit aujourd'hui la plus médiatisée parmi les sociétés du CAC 40 engagées dans l'entrepreneuriat social, elle est loin d'être la seule. Toujours au Bangladesh, Veolia a lancé en partenariat avec la Grameen Bank un programme de purification bactériologique de l'eau de surface, qui repose sur les mêmes principes. En effet, dans ce pays qui subit continuellement des inondations, l'eau, gravement polluée, est à l'origine de nombreuses maladies. En même temps, les forages qui avaient pour but d'ouvrir l'accès à l'eau souterraine ne peuvent pas remplir cet objectif, car la nappe phréatique contient de l'arsenic. Pas plus que Danone, Veolia n'est une entreprise relevant de l'économie sociale et solidaire, mais le programme cofinancé par cette société avec Grameen Healthcare dans le cadre de Grameen Veolia l'est.

Dans les deux cas, les expériences n'ont pas été aisées. La crise alimentaire et la hausse imprévue du prix du lait ont complètement modifié le modèle économique initial de l'usine de yaourts de Grameen Danone et rendu la vente, telle qu'elle avait été prévue initialement, difficile. Il a fallu revoir toutes les projections et trouver d'autres circuits de distribution. Il en fut de même pour l'eau de Veolia distribuée à travers un réseau de bornes-fontaines dans les villages. Les paysans l'achetaient pour boire, mais ils la considéraient trop chère pour la cuisine. Il a donc fallu rentabiliser l'investissement en montant un circuit de distribution complémentaire, vendant l'eau en bouteille à des consommateurs urbains.

Essilor, qui fut la première entreprise française à se lancer dans l'approche BOP, développe une action du même type en Inde. Les gens sont si pauvres dans les villages qu'ils ne sont pas en mesure d'aller en ville et de s'y acheter des lunettes. Ils les louent à des marchands ambulants quelques minutes ou heures par semaine. En partenariat avec deux hôpitaux ophtalmologiques, Aravind, plus particulièrement connu pour ses opérations de cataracte et Sankara Nethralaya, spécialisée dans le télé diagnostic à distance des maladies de l'œil, qui avaient tous les deux une expérience de soins gratuits, Essilor a mis en place un système de diagnostic et de distribution adapté au pouvoir d'achat de la population. Au lieu de proposer des lunettes sophistiquées, type Varilux, qui font la réputation de la marque, les responsables ont repris des procédés de fabrication plus rustiques, permettant d'obtenir des verres à double foyer, plus épais et plus lourds, mais infiniment moins chers. Ils ont monté parallèlement un système spécifique de diagnostic et de distribution en milieu rural, qui repose sur des camions équipés avec tout le matériel nécessaire pour diagnostiquer la vue. Les camions passent deux jours par village en choisissant en priorité ceux qui comptent plus de 5 000 habitants. Les opticiens procèdent gratuitement à un examen de vue de tous ceux qui le souhaitent. Les lunettes peuvent être achetées immédiatement, chaque camion transportant un assortiment de verres fournis par Essilor et de montures produites par des fournisseurs locaux, si nécessaire, à crédit. Les lunettes faisant partie des biens essentiels pour une part considérable de l'humanité, le marché est immense. La joie des femmes découvrant que les arbres ont des feuilles, celle des enfants qui peuvent apprendre à lire, celle des vieux pouvant découvrir les traits de leurs petits-enfants représentent un merveilleux bonus.

Que conclure de ces trois exemples ? D'abord, ils s'attaquent tous les trois à un marché de biens essentiels – l'eau, l'alimentation, la vue – autrement importants que les marchés créés de toutes pièces par la publicité. Ces biens essentiels correspondent aux besoins de milliards d'êtres humains, dont ils pourront améliorer l'existence. Ensuite, ils sont fondés sur une alliance avec les entrepreneurs sociaux du pays, qui connaissent les contraintes de la population et qui jouent un rôle important dans l'adaptation de l'offre à la demande. Adieu les experts, écrasant de leur supériorité les cadres nationaux, circulant dans un couloir virtuel entre l'hôtel et les bureaux climatisés, n'écoutant ni les producteurs ni les consommateurs locaux. En s'attaquant au marché BOP, une grande multinationale, motivée par cette nouvelle approche, peut avancer plus vite que l'aide internationale et entraîner, derrière elle, d'autres grandes sociétés vers un nouveau type de coopération Nord-Sud. Enfin, ces expériences d'entrepreneuriat social ne se limitent pas à une bonne action, isolée au sein de l'entreprise. Elles se diffusent, par capillarité, à toute l'activité. Les premières opérations peuvent être assimilées à une opération de recherche-développement dont le retour sur l'investissement ne se fait pas en termes financiers, mais en termes d'intelligence économique, applicable à d'autres pays en voie de développement. Elles exigent un énorme effort d'invention pour améliorer la productivité et réduire les coûts à un niveau compatible avec le revenu des pauvres, en éliminant ce qui est superflu. Cet effort bénéficie à toute l'entreprise. Les salariés se trouvent plus motivés et mieux armés face aux aléas du marché. Dans une société comme Danone, qui compte 65 000 salariés, ce changement de « *mindset* », suivant l'expression de Franck Riboud, influe sur son attractivité, vis-à-vis de ceux qui ont du talent, sur l'engagement du personnel qui verse une partie de ses primes d'intéressement dans la

Sicav, Danone Communities, mais aussi sur l'ouverture sociale des actionnaires, qui, au-delà du soutien à Danone Communities, ont accepté de consacrer 1 % des résultats au développement du territoire entourant toutes les implantations de la société dans le monde, à travers le programme Danone Écosystème.

« *Social business is not about money. It is about us. We give billions to charities. We could give a small part of it to social business*[1] », dit Muhammad Yunus. Emmanuel Faber, qui a été l'artisan du projet Danone Communities, parle de « l'insurrection des consciences ». Lorsqu'on constate que le mouvement de fusions et d'acquisitions s'est accéléré depuis la crise de 2008, il serait outrecuidant de dire que le *social business* est en voie de changer fondamentalement le système capitaliste. Mais le virus se propage. Il rend les entreprises plus réceptives à d'autres signaux que celui du profit. Rien n'est plus entraînant que l'exemple, qu'il soit bon ou mauvais. L'exemple d'Essilor, de Danone et de Veolia entraîne d'autres entreprises à se lancer dans l'entrepreneuriat social. La création d'un Fonds Grameen /Crédit agricole en France pousse Unicredit en Italie à faire de même. Toujours en lien avec la Grameen

---

1. L'entrepreunariat social ne concerne pas l'argent. Il nous concerne. Nous donnons des milliards à des œuvres caritatives. Nous pourrions donner un peu à l'entrepreneuriat social.

Bank, Adidas s'engage à produire des chaussures qui pourraient réduire les maladies parasitaires des pieds au Bangladesh. Chacun sème des graines qui, emportées par le vent de la mondialisation, vont germer là où elles tombent. Entre-temps, les instruments de l'entrepreneuriat social vont se développer, sous forme de fonds d'investissement spécialisés et, pourquoi pas, d'une bourse dédiée aux entreprises sociales, imaginée par Muhammad Yunus et soutenue par la Fondation Rockefeller.

Tisser les liens entre les familles de l'économie sociale

Parce que les grands groupes ont une influence majeure sur l'évolution d'autres sociétés multinationales, il est important, pour le mouvement d'économie sociale et solidaire, plutôt que de manifester de la suspicion à l'égard de ceux qui s'engagent dans des actions socialement responsables, ou de leur tourner carrément le dos, sous prétexte que l'entrepreneuriat social ne touche qu'une infime partie de leurs activités, d'entamer un dialogue qui pourrait être bénéfique pour les deux parties en apprenant aux structures d'économie sociale une plus grande efficacité économique et aux grandes sociétés une meilleure prise en compte du social. Ce dialogue menant à des solidarités et actions communes pourrait aider l'entrepreneuriat social à changer de dimensions, à créer une concurrence vertueuse aux entreprises classiques et à les entraîner sur le même chemin. Il pourrait faciliter la reconnaissance par l'État du double apport des structures de l'économie sociale et solidaire et des grandes entreprises et les aider à mieux prendre en compte les externalités qui se multiplient avec la croissance démographique et la pression qu'elle exerce sur les ressources naturelles.

Les bien-pensants considéreront que, en frayant avec le grand capital, ceux qui défendent l'économie sociale et solidaire vendent leur âme au diable et risquent de tomber dans la gueule du loup. Le problème avec les bien-pensants est qu'ils sont rarement les bienfaisants car ils n'ont pas les moyens ou la volonté de s'engager. « Ils ont les mains propres, mais ils n'ont pas de mains », disait Charles Péguy. Aussi le choix est simple : ou l'on bricole à toute petite échelle ce qui est certes sympathique, mais ce qui n'a aucune chance d'avoir un impact significatif ni de changer l'équilibre entre le capitalisme et la démocratie, ou l'on s'aventure dans le territoire que certains considèrent comme ennemi pour monter ensemble des projets d'intérêt général. Certes, il ne faut pas se faire d'illusion, ce n'est pas en consacrant quelques centaines de milliers ou quelques millions d'euros qu'une multinationale change sa politique guidée par le profit. Mais le lien et le dialogue se nouent. Le fait de travailler ensemble autour d'un projet d'intérêt commun rapproche les points de vue, crée une ouverture qui n'existait pas auparavant. Les hommes sortent du moule façonné par l'entreprise capitaliste et ses contraintes de profit pour s'engager dans un monde de fraternité. Et l'attrait de ce monde de fraternité, personne n'en a encore pris la mesure.

Les nouveaux projets d'entrepreneuriat social en France

Partant de ce constat, l'Adie s'est impliquée depuis vingt ans à travers le microcrédit dans l'économie sociale et solidaire à la base de la pyramide, là où se trouvent tous les drames de la pauvreté mais aussi des gisements d'initiative et d'emploi. En rapprochant le capital du travail pour donner à chacun, faute de travail salarié, le droit effectif de créer son propre emploi, elle tente d'apporter une contribution à l'humanisation du capitalisme et à l'égalité des chances, sans remettre pour autant en cause l'économie de marché. C'est en partant du microcrédit qu'elle a étendu son champ d'activité à d'autres projets d'entrepreneuriat social qui visent l'un à augmenter le revenu des petites exploitations agricoles et l'autre à créer des emplois pour des publics peu qualifiés et notamment les jeunes, à travers des réseaux de microfranchise. Tous les deux partent de l'idée que, dans un monde qui change, les petits acteurs économiques, et plus particulièrement ceux qui manquent de qualification, ne sont pas en mesure de mener eux-mêmes la recherche-développement nécessaire pour mettre au point de nouvelles activités, correspondant aux besoins du marché. Il faut donc mutualiser et professionnaliser cette recherche menée avec eux et pour eux.

Le projet Isomir (Industrialisation solidaire en milieu rural) correspond au besoin des petites exploitations, touchées par la crise de l'agriculture, bientôt suivie par la réforme de la politique agricole commune (PAC), d'accroître leur revenu pour pouvoir continuer d'exister. L'une des voies pour y arriver est de leur permettre de transformer elles-mêmes une partie de leur production, dans un contexte où la demande pour des produits bio et le concept de circuits courts progressent rapidement. Or, compte tenu des nouvelles normes sanitaires, il n'est plus possible de fabriquer des pâtés ou des conserves dans sa cuisine. Aussi l'Adie, qui intervient pour un quart de son activité en zone rurale, a lancé un projet innovant d'ateliers de transformation pouvant être utilisés soit par des exploitants individuels, soit par des groupements de producteurs. En partenariat avec la Fédération nationale des coopératives de matériel agricole (FNCUMA), elle a mis au point des petits ateliers, conçus sous forme de modules assemblables, dont chacun correspond à un type de transformation spécifique, allant de la découpe de viande et de l'abattage des volailles à la cuisine, en passant par la conserverie, la quatrième gamme de légumes, et le lait. Les modules sont livrés clés en main, normes sanitaires comprises à un prix très inférieur à celui du marché. Un fonds d'investissement, monté en parallèle avec plusieurs partenaires industriels et financiers, permet de participer à concurrence de 20 % au financement en fonds propres de chaque projet et d'apporter à l'opérateur tout l'appui néces-saire. L'exploitation de chaque module permet par ailleurs de créer un emploi à temps partiel et d'accroître d'environ un tiers le revenu par exploita-tion. Au total, l'impact économique et social peut être considérable, tant au niveau du producteur que du consommateur, tout en s'inscrivant dans une perspective de compétitivité et d'agriculture durable.

Le projet Adie-Microfranchise solidaire (AMS) est quant à lui lié à la longue expérience de l'associa-tion en matière de projets d'entreprise portés par les publics en difficulté et à la connaissance de ces publics. Depuis la nuit des temps, ceux qui n'ont pas de métier particulier et peu ou pas de capital de départ utilisent, comme porte d'entrée dans l'emploi indépendant, le commerce ambulant. C'était le cas, au Moyen Âge, des Auvergnats ou des Bretons, vendeurs d'eau ou de limonade dans les rues de Paris ; c'est le cas, aujourd'hui, de beaucoup de personnes sans ressources, d'origine française ou immigrée. Or la crise a été particulièrement dure pour les vendeurs ambulants, qui ont dû faire face à une forte baisse de la demande et à la concurrence des magasins *low cost.*

Aussi, à leur demande, avons-nous essayé d'inventer de nouvelles activités, correspondant à une demande réelle, mais n'exigeant pas d'investissement important ni de formation longue. Afin de faciliter la création d'entreprise par les jeunes et les personnes peu qualifiées, il nous a semblé intéressant de choisir des activités reproductibles au niveau national et de les organiser dans le cadre de la microfranchise. AMS sélectionne et teste les activités qui sont ensuite proposées, clés en main, aux microentrepreneurs potentiels avec la formation initiale, le suivi professionnel, ainsi que le financement à l'accompagnement du projet. Deux filières de microfranchise sont actuellement en cours de lancement : le Vélobar et Chauffeurs sans voiture. Vélobar est un triporteur qui met à la disposition des consommateurs des boissons et des snacks à des prix compétitifs. La mise au point du projet a exigé beaucoup de temps pour concevoir le véhicule, étudier le marché, définir les produits, obtenir les emplacements et les autorisations nécessaires. Le premier vient d'être lancé à l'occasion de Paris Plage. Avant de le démultiplier à travers la France, l'entreprise sociale qui en a la responsabilité va tester en grandeur nature son adaptation au marché et estimer le revenu qu'il permet d'atteindre. Chauffeurs sans voiture repose sur un concept très simple : la possibilité de faire appel à un chauffeur lorsque, pour toutes sortes de raisons, on n'est pas en mesure de conduire sa propre voiture. Là aussi le projet est en cours de lancement, après une phase de recherche et développement, montage juridique et financier, ainsi que l'obtention de l'autorisation du secrétariat d'État chargé des Transports. D'autres filières sont en cours de préparation et pourront être mises en œuvre en partenariat avec des entreprises. De nombreux petits métiers étant surréglementés, il reste à lever des obstacles juridiques, pour certaines activités particulièrement aptes à créer de l'emploi.

En fin de compte, le *social business* s'inscrit dans la vocation de l'entreprise, décrite par François Villeroy de Galhau : « L'entreprise est faite d'abord pour l'efficacité, mais elle n'est pas faite que pour cela. L'économiste François Perroux le disait avec force : l'échec d'une activité sociale se révèle par une efficacité insignifiante ou par une signification

inefficace. » Mais il va plus loin avec les sept principes, définis par Muhammad Yunus au forum de
Davos en janvier 2009 :

- Objectif orienté vers la lutte contre la pauvreté
et non la maximisation du profit.
- Rentabilité financière et économique.
- Retour du montant investi aux financeurs, sans
dividende.
- Utilisation du profit pour l'extension et
l'amélioration de l'opération.
- Respect de l'environnement.
- Salaires de marché pour le personnel, avec des
meilleures conditions du travail.
- Travail dans la joie.

En somme, il suffirait pour mettre un peu de sens
et de sérénité dans le capitalisme, de ne pas avoir
pour seule boussole le profit, mais de se laisser également guider par une éthique de solidarité et de bien
commun.

L'entrepreneuriat social et le développement durable

En 1987, la Commission mondiale sur l'environnement et le développement définissait le développement durable dans le rapport Brundtland comme
« un développement qui correspond aux besoins du

présent, sans compromettre la capacité des générations futures de répondre aux leurs ».

Ce développement correspondait à l'espace défini par trois piliers : économique, social et environnemental. Il prenait en compte les besoins essentiels des plus démunis et la responsabilité de notre génération à leur égard, tout comme notre responsabilité à l'égard des générations futures à travers la préservation de l'environnement. C'était, pour une fois, une vision holistique du monde, qui réunissait les grands enjeux de l'humanité et ne se limitait pas au court terme.

Très vite, et plus particulièrement en France, la vision globale commença à se disloquer. On considéra que la composante sociale et économique était d'une autre nature, plus immédiate, et on limita dans une grande mesure le développement durable à la préservation de l'environnement. On organisa un Grenelle de l'environnement, puis un Grenelle d'insertion, sans lien entre les deux. En oubliant de raccorder les initiatives environnementales à leur dimension économique et sociale, on fit apparaître de nombreuses incohérences. La préservation de l'environnement doit être une préoccupation de tous, mais pour ceux qui sont dans les situations les plus difficiles, la satisfaction des besoins actuels passe avant celle des besoins futurs. Il est difficile de leur demander de faire des efforts, si les plus riches n'en font pas, de leur côté. Cette idée élémentaire se vérifia avec force à deux reprises. Au niveau international, lors de la conférence de Copenhague, la Chine, qui est un des grands pollueurs de la planète, mais qui a de la croissance à rattraper, adopta la même position de blocage que les États-Unis, tandis que les pays pauvres, qui sont les premières victimes du réchauffement climatique, demandèrent avant tout de l'aide au développement. En France, la décision du Conseil constitutionnel de ne pas promulguer la loi sur la taxe carbone, qui ne touchait que les particuliers et épargnait les grands pollueurs industriels, força le gouvernement à abandonner le projet. Face à la crise, le développement durable passa au second plan.

Au-delà du lien entre les trois piliers économique, social et environnemental, la seconde question, qui n'a pas été élucidée, est : comment demander aux générations futures d'aller au bout de leur capacité de répondre aux besoins qui seront les leurs et qui, compte tenu des prévisions démographiques et climatiques, seront encore plus difficiles à satisfaire que les nôtres, si, non seulement nous leur laissons un environnement profondément dégradé, mais aussi, en guise de moyens, une dette abyssale ? Quel monde étrange où les citoyens préparent avec soin l'avenir de leurs enfants, mais manifestent collectivement une indifférence profonde à l'égard des générations futures ! Ces incohérences majeures ralentissent la mise en place d'une véritable politique de développement durable. Elles traduisent la vision à court terme des politiques et des grands groupes face à des options dont le terme, lointain à l'origine, devient de plus en plus proche. Aussi, sans attendre les résultats des conférences ultérieures, il est urgent que les citoyens prennent le problème en main et fassent ce qu'il est possible à leur niveau pour protéger l'homme et la planète. Ces actions peuvent être menées aussi bien au niveau individuel – économie d'eau, d'énergie, contrôle des déchets – qu'au niveau collectif – gestion des biens publics ou des écosystèmes par des comités d'usagers –, bien plus efficaces que l'État ou le secteur privé[1].

---

1. C'est notamment la conclusion d'Elinor Ostrom, Prix Nobel d'économie 2009.

III

LA CITÉ FUTURE

Sur cette terre, nous n'avons aucune cité permanente, mais nous cherchons la cité future.

Heb. XXIII, 14

8.

Le capitalisme à visage humain

Le capitalisme ne triomphe que lorsqu'il s'iden-
tifie avec l'État, qu'il est l'État.

Fernand Braudel

*Où l'on tente de distinguer les concepts clés
d'économie de marché, de capitalisme et de libéralisme, qui sont souvent confondus, et où, à partir des
ferments de renouveau, évoqués dans la deuxième
partie, on essaie d'esquisser les contours d'une économie
nouvelle.*

Le jeu des définitions

Les concepts d'économie de marché, de capitalisme et de libéralisme ont un sens lié au courant de
pensée qui les porte, au moment de l'histoire et au

207

lieu auquel ils se réfèrent. Aussi, je voudrais définir le sens que je leur donne dans ce livre.

Économie de marché

Commençons par l'économie de marché, qui correspond à une forme d'organisation du marché et comporte à la fois l'idée d'échange, différenciée du don, et celle d'un niveau de sophistication supérieur au troc. En bonne logique, l'économie de marché est née en même temps que les pièces de monnaie, qui ont lancé le développement des échanges, au IVe siècle avant J.-C. Elle est, d'une façon générale, fondée sur la propriété privée avec une part variable de l'intervention de l'État chargé d'assurer le bon fonctionnement de la concurrence. Ce n'est cependant qu'à la fin du XVIIIe siècle qu'elle fut conceptualisée par Adam Smith qui, parmi les devoirs de l'État, cite « le devoir de protéger, autant qu'il est possible, chaque membre de la société contre l'injustice ou l'oppression de tout autre membre ». Adam Smith prévient également que la « main invisible du marché » n'intervient que dans des situations de concurrence, telles que le petit artisanat, et que l'État a le devoir de préserver ces conditions de concurrence contre les abus des plus forts. Toute la politique antitrusts est déjà inscrite en filigrane dans son œuvre et on ne peut que constater que le développement des multinationales

gigantesques n'a rien à voir avec le bon fonctionnement de l'économie de marché.

Dans un style plus contemporain [1], l'économie de
marché est un système dans lequel l'offre et la
demande déterminent les prix relatifs des biens et
services et l'allocation consécutive des facteurs de
production. Son efficacité est liée au bon fonctionnement du mécanisme des prix relatifs des biens et
services et à la concurrence qui pousse les entreprises
à devenir plus efficaces. Bien évidemment, dans le
cadre de cette définition générale, il existe de
nombreuses variétés d'économie de marché allant
des pratiques très libérales à l'américaine à des
formes encadrées par l'État, comme l'est aujour-
d'hui l'économie chinoise, en passant par
l'économie sociale de marché de type européen avec
une part, plus ou moins large, d'interventionnisme
public et de protection sociale. Depuis l'effondrement de l'économie étatique, qui remplaçait le libre
ajustement de l'offre et de la demande par un
système de planification centralisé, l'économie de
marché couvre pratiquement le monde entier. Elle
est souvent associée au capitalisme, sans que les deux
concepts se recoupent entièrement, l'économie de
marché ayant un sens plus large et plus ouvert à tous
les acteurs économiques, grands et petits.

---

1. Voir notamment Robert Gilpin, « *The political economy of international relations* », 1987.

Capitalisme

Contrairement à l'économie de marché, le capitalisme ne part pas de l'idée du marché mais de l'idée de la richesse : le mot capital vient de *capita* et se réfère, dit-on, aux têtes de bétail qui étaient dans les temps anciens, un signe de richesse. Il est défini par Louis Blanc comme « l'appropriation du capital par les uns à l'exclusion des autres » et prend son envol avec *Le Capital* de Karl Marx, bien que celui-ci parle plutôt de mode de production capitaliste qui permet à ceux qui détiennent les moyens de production d'exploiter ceux qui n'ont que leur force de travail. Le capitalisme est fondé, avant tout, sur la propriété des facteurs de production et l'accumulation continue du capital, qui se déprécie et qui doit être renouvelé par l'investissement. Il a des racines anciennes, que certains datent de l'empire mésopotamien. Pour d'autres, elles remontent aux grandes cités marchandes du Moyen Âge : Venise, Gênes, Anvers, Amsterdam, qui pratiquaient le commerce avec l'Orient et utilisaient déjà la lettre de change. Fernand Braudel fait la distinction entre l'économie de marché locale qui reste fondée sur la transparence et la concurrence et l'économie-monde, qui permet au capitalisme de s'affranchir des règles et de développer des échanges inégaux, source d'enrichissement rapide dans la « zone des hauts profits[1] ».

---

1. Fernand Braudel, *La Dynamique du capitalisme*, 1985.

Si l'on exclut l'accélération du temps des échanges et la sophistication des instruments financiers, la trame de la mondialisation est déjà en place au XVᵉ siècle. La bourse de Bruges, créée en 1409, consacrée à l'échange de marchandises, lettres de change et effets de commerce, témoigne d'un début de capitalisme mondialisé. Elle est suivie en 1460 par la création de la bourse d'Anvers, sur le fronton de laquelle on lit « *Ad usum mercatorum cujusque gentis ac linguae*[1] », phrase qui pourrait être, aujourd'hui, la devise de l'Organisation mondiale du commerce. Alors que les Pays-Bas deviennent, selon Braudel, le centre de l'économie-monde, la Compagnie des Indes orientales, née en 1602, est la première grande société par actions, dont les dividendes montent à plus de 15 %, suivant les rumeurs qui se propagent ou que l'on propage. Rien ne manque à cette ébauche du capitalisme précédant le capitalisme industriel et financier, même pas la bulle spéculative qui, de façon poétique, est celle des tulipes. Le prix des bulbes monte à des niveaux atteignant celui des maisons, avant que la bulle explose.

C'est la révolution industrielle, cependant, qui marque l'essor du grand capitalisme. Dans une France rurale et artisanale, travail et capital restent très proches. La révolution industrielle les éloigne

---

1. « À l'usage des marchands de tous les pays et de toutes les langues. »

211

l'un de l'autre. Le montant des investissements nécessaires pour bâtir les infrastructures et l'industrie pousse au développement des sociétés de capitaux, librement créées à partir de 1867, ainsi qu'à l'extension du travail salarié. L'histoire inhumaine des débuts du capitalisme montre déjà que la loi du profit ne peut fonctionner sans contrepoids. À partir de la fin du XIXᵉ siècle, la montée du syndicalisme permet de limiter ses excès en instaurant le droit du travail. La grande crise et la Seconde Guerre mondiale ont pour conséquence la régulation de l'économie par les nationalisations et la mise en place de l'État providence.

La mondialisation de l'économie affranchit le capitalisme d'une grande partie des règles et contraintes imposées par l'État et le laisse s'engager de nouveau sur la voie dangereuse du seul profit, excluant toute préoccupation de bien commun. Depuis la fin de la Guerre froide, aucun contrepoids sérieux ne freine son développement. La Guerre froide obligeait, en effet, le monde occidental à tenir compte des problèmes sociaux. L'État providence mis en place par lord Beveridge après la Seconde Guerre mondiale était un écho aux principes de l'économie centralisée de l'est de l'Europe, qui prenait en charge, d'une façon ou d'une autre, tous les citoyens. Un proverbe courait en Pologne : « Que l'on reste debout ou couché, chacun a droit à un salaire. » C'est bien la réalité de ce proverbe qui provoqua la chute du système, mais, tant qu'il durait, la protection sociale mise en place par le régime communiste eut, en même temps, une influence modératrice sur les excès du capitalisme. Avec l'effondrement du communisme, ce contrepoids indispensable ne peut, désormais, être trouvé qu'à l'intérieur du système capitaliste, en s'inspirant des règles de la démocratie en faveur de l'égalité des citoyens et en décentralisant le pouvoir de l'argent.

Libéralisme

Reste le libéralisme, qui a pour racine l'un des mots les plus beaux qui soient : liberté. Il se base sur la définition de la liberté individuelle définie dans l'article 4 de la Déclaration des droits de l'homme et du citoyen de 1789 : « La liberté consiste à pouvoir faire tout ce qui ne nuit pas à autrui : ainsi, l'exercice des droits naturels de chaque homme n'a de bornes que celles qui assurent aux autres membres de la société la jouissance de ces mêmes droits. » C'est au nom de cette idée de liberté que le mouvement libéral livra les grandes batailles contre la monarchie absolue et l'esclavage et participa à la lutte pour l'indépendance des États-Unis ainsi qu'à la Révolution française. Il joua aussi un grand rôle dans les révolutions de 1848, la mise en place de la IIe République, la progression de la démocratie à travers le monde. Sur le plan économique, il s'incarna dans la politique de Turgot, mais aussi dans le programme de Keynes, qui était membre du Parti libéral et dans le New Deal du président Roosevelt. Contrairement au sens que lui donne l'opinion publique en France, le libéralisme est profondément lié à l'idée d'égalité, qui est, elle-même, la base de la démocratie. Alors que le libéralisme signifie le droit pour chacun de choisir sa vie, de faire fructifier ses talents et de contribuer aux choix de la communauté dont il fait partie, ce concept est indûment assimilé en France à la forme la plus sauvage du capitalisme et confondu avec un régime de privilèges pour les riches et de sacrifices pour les pauvres. Le clivage des partis ne correspond pas ici à la réalité. Il range liberté d'entreprendre à droite et sécurité d'emploi à gauche, comme si l'histoire économique s'était figée avec l'avènement du salariat, limitée pourtant dans le temps comme dans l'espace, et comme si le travail salarié pouvait exister sans l'entreprise. Pour autant, la liberté d'entreprendre, qui est un droit fondamental, n'est assurée ni par la droite ni par la gauche, marquées, toutes les deux, dans la société française, par le rôle prééminent de l'État et le poids des corporatismes[1].

---

1. Voir chapitre 10.

En résumé, si l'économie de marché et le libéralisme sont parfaitement compatibles avec la démocratie, le capitalisme exige un contrôle permanent de l'État et, dans le contexte actuel, d'un organe mondial, pour ne pas aller à l'encontre de l'intérêt général, qu'il s'agisse de la protection des épargnants, des salariés, des consommateurs ou de l'environnement. La crise de l'euro de mai 2010 montre d'ailleurs à quel point le profit utilisé comme seul critère d'action met en danger les États eux-mêmes et, à travers eux, la démocratie.

Une esquisse de la nouvelle économie de marché

Comment, sur la base de ces définitions, à partir des germes évoqués dans la deuxième partie de ce livre, bâtir une nouvelle économie de marché, donnant plus de liberté aux citoyens, tout en les préservant des excès du capitalisme ? Le premier pas consiste peut-être à reconnaître que l'économie de marché n'est pas une fin en soi mais un moyen au service de l'efficacité économique, précondition de la justice sociale et du développement humain. Celui qui reste à franchir est la conception de ce développement, qui vise à la fois l'homme dans toutes ses dimensions et la société dans son ensemble, sans exclusion de tel ou tel groupe.

Le rêve n'est pas nouveau et il a pris différentes formes depuis au moins deux siècles, en s'attachant aux différents aspects de l'économie de marché, évoqués dans la deuxième partie de ce livre. Je voudrais, à ce stade, tenter de les assembler pour montrer la cohérence possible d'une économie de marché libérale et sociale, s'inscrivant dans la perspective démocratique.

Réinventer l'offre et la demande

Une économie de marché repose d'abord, on le sait, sur le libre jeu de l'offre et de la demande. Or, dans la réalité, ce jeu n'est pas aussi libre que cela. Les entreprises dépensent des sommes folles pour la publicité et le packaging de leurs produits, afin de capter la demande solvable des consommateurs. Dans cette démarche, elles ont tendance à négliger les besoins essentiels des 4 milliards de consommateurs les plus pauvres, pour se focaliser sur les besoins des clientèles aisées, qu'ils créent, le cas échéant, de toutes pièces. Cette bataille de la publicité, lancée après la Seconde Guerre mondiale pour booster l'économie américaine, dont les dépenses de guerre s'étaient réduites, provoque non seulement un énorme gaspillage de ressources, mais aussi un surcroît de déchets non recyclables, dont on ne sait plus quoi faire. Les dépenses mondiales de publicité représentent dix fois le montant nécessaire à l'éradication de la pauvreté à travers les grandes mesures de lutte contre la faim, l'accès à l'eau potable, au logement et le contrôle des grandes endémies[1].

La stratégie de la base de la pyramide remet en cause le marketing traditionnel et réoriente les grandes firmes vers l'énorme marché des plus pauvres, qui est un marché de biens essentiels. La démarche du *social business*, dont Muhammad Yunus et Bill Drayton sont les grands promoteurs, ne renie pas le profit, mais au lieu de le distribuer aux actionnaires, elle le réinvestit dans l'action à finalité sociale. Elle est évoquée dans le chapitre 7.

Réinventer les facteurs de production

En amont de l'offre et de la demande, le marché se définit aussi par les facteurs de production utilisés. L'économie de marché adaptée à la nouvelle économie de la connaissance doit réinventer le travail au sein de l'entreprise en exploitant au mieux le potentiel de créativité des hommes plutôt que de les enfermer dans une organisation réductrice. Elle doit, en même temps, favoriser la création d'emplois indépendants et de microentreprises dont le développement correspond aux tendances lourdes de l'économie. Il en a été longuement question dans le chapitre 5.

---

1. Patrick Viveret, *Reconsidérer la richesse*.

Parallèlement au travail, le capital aussi mérite d'être réinventé, pour donner au capitalisme un visage humain, en rendant à l'argent son rôle de moyen et non de but. Un secteur financier ouvert à tous, fondé sur le développement de la microfinance, est déjà en train d'émerger. Il a été décrit dans le chapitre 6.

Le développement de cette nouvelle économie de marché exige beaucoup d'innovation non seulement technologique, mais aussi sociale, puisque le nombre d'acteurs économiques pris en compte est infiniment plus large. En élargissant son emprise, ce qui est inévitable dans le cadre de la mondialisation, l'économie du marché passe, en quelque sorte, du suffrage censitaire au suffrage universel. Il en est également question dans le chapitre 4.

Mettre en place un système de régulation mondial

L'expérience de la crise montre, s'il le fallait, que la main invisible du marché est non seulement invisible, mais souvent absente et qu'il est indispensable, face à la mondialisation de l'économie, de mettre en place une gouvernance mondiale. Là aussi, on ne peut procéder que par itération et pratiquer la politique des petits pas, en regrettant qu'on n'ait pas davantage exploité le temps de crise, plus propice au changement. La création du G20 n'est qu'un premier balbutiement de la gouvernance mondiale et il est important d'élargir ses débats au-delà du seul domaine financier. Les institutions de Bretton Woods ne pourront pas rester figées dans la posture qui était la leur au moment de leur création. Démocratiser l'économie signifie ouvrir davantage les portes aux pays en voie de développement en les considérant comme partenaires et non comme assistés.

Pour changer l'action, changer de regard sur l'économie
Enfin, pour que cette nouvelle économie prenne forme, il faut aussi des concepts et des indicateurs économiques qui prennent en compte la réalité dans toutes ses dimensions. Amartya Sen, Prix Nobel de l'économie, et Patrick Viveret en France ont été les grands promoteurs de cette idée. La mission Stiglitz leur a emboîté le pas. Nous l'avons évoqué dans le chapitre 1er.

L'objet de la nouvelle économie de marché est de s'ouvrir à tous les acteurs économiques, de réduire les excès du capitalisme et de soumettre l'argent aux règles d'une gouvernance mondialisée. Après avoir examiné, dans les deux premières parties de ce livre, la cité en crise et les actions qui portent en elles les germes du renouveau, je tenterai dans cette troisième partie d'esquisser les voies possibles pour défendre une vision démocratique de notre société et pour construire la cité nouvelle.

9.

La démocratie politique
ne peut se développer
sans démocratie économique

L'amour de la démocratie est celui de l'égalité.

Montesquieu

De même que je refuse d'être un esclave, je refuse d'être un maître. Telle est mon idée de la démocratie.

Abraham Lincoln

Où l'on fait un retour en arrière sur l'évolution et le sens de la démocratie et son articulation avec l'organisation de l'économie, dessinant les grandes lignes d'une démocratie économique.

Le mirage de la démocratie

Il n'existe pas de définition unique de la démocratie. On connaît les racines du mot : *demos*, « peuple » et *cratos*, « souveraineté ». À première vue, elles visent le régime politique fondé sur l'égalité et la liberté des individus ainsi que sur l'indépendance de la justice. Mais, on l'a vu dans le chapitre 3, un pays démocratique comme la France est loin d'être égalitaire. Même si tous les citoyens ayant atteint la majorité ont le droit de vote, l'abstention massive aux élections est justifiée, pour beaucoup de ceux qui s'abstiennent, par le sentiment qu'ils n'ont, en fait, aucun pouvoir d'influence sur les affaires de la cité. Ils se sentent victimes de la crise économique, objets des décisions prises par les hommes politiques ou par les patrons et, en aucune manière, sujets de leur propre sort. Aussi une démocratie ne peut se définir uniquement par ses institutions. Elle n'est pleine et entière que si elle s'étend dans le champ économique et social et si chaque citoyen participe, dans toute la mesure du possible, aux décisions qui le concernent. Il serait sans doute naïf de considérer que tous ont un même pouvoir. Le chemin est long à parcourir et peut-être même sans fin, depuis *La Ferme des animaux* de George Orwell où « tous les animaux sont égaux, mais certains sont plus égaux que d'autres », jusqu'à la démocratie idéale. C'est encore plus difficile dans une économie mondialisée où le pouvoir de certaines entreprises multinationales dépasse de loin celui des États et n'hésite pas à interférer avec lui. Il reste, comme le dit Marc Fleurbaye[1], que « la démocratie ne se mesure pas à l'aune des régimes politiques, ni même en fonction des rapports entre les forces économiques, mais selon le degré de maîtrise des individus ordinaires de leur propre sort ». Et ce qui compte en la matière, c'est d'avancer sur cette route difficile, même si l'on n'en voit pas le bout, en comptant les bornes qui mesurent le chemin parcouru vers une plus grande liberté et égalité des citoyens, en suivant l'étoile de la démocratie, qui, progressant en même temps, ne sera sans doute jamais atteinte.

La lente progression de la démocratie politique

Du point de vue institutionnel, la démocratie politique est fondée sur la reconnaissance des capacités de chacun de participer à la vie de la cité. Elle est le fruit d'un long cheminement. La gouvernance des États a évolué du pouvoir absolu vers le despotisme éclairé du siècle des Lumières et du despotisme éclairé vers le suffrage censitaire appliqué aux élus du tiers état aux États généraux de 1789. La monarchie constitutionnelle, mise en

---

1. Marc Fleurbaye, *Capitalisme ou démocratie : l'alternative du XXIᵉ siècle*, Grasset, 2006.

place par la constitution de 1791, a prévu un droit de vote restreint. Le suffrage censitaire a été reconduit, sous l'influence de Sieyès, pour qui seuls les « actionnaires de la grande société », ceux qui avaient le niveau d'éducation et de richesse suffisant et qui payaient des impôts directs, pouvaient être considérés comme des « citoyens actifs », parce qu'ils contribuaient aux dépenses de l'État et à la bonne marche de l'économie. Ceux qui ne gagnaient pas suffisamment d'argent pour payer des impôts étaient considérés comme des « citoyens passifs » incapables d'exercer le droit de vote. Cette assimilation de la capacité de juger à la richesse était accentuée par le suffrage à deux degrés. Seuls les citoyens actifs, dont le cens était limité à trois journées de travail, élisaient en effet des électeurs du 2e degré disposant de revenus beaucoup plus élevés, qui, à leur tour, élisaient les députés à l'Assemblée nationale législative. Après une brève application du suffrage universel pour élire la convention de 1792, le suffrage censitaire, fondé sur la richesse, est rétabli par le Directoire en 1795. Le droit de vote progresse alors lentement. Le cens est abaissé en 1830 ; le suffrage universel est accordé aux hommes en 1848 et aux femmes en 1944. L'âge de la majorité et du vote est abaissé à dix-huit ans en 1974. Des réformes successives ouvrent le droit de vote aux militaires, le permettent, dans certaines conditions, aux détenus, le facilitent aux SDF et l'ouvrent aux personnes sous tutelle. Le traité de Maastricht crée la citoyenneté européenne et permet aux citoyens de l'Union de voter aux élections municipales dans tous les pays membres. Le système devient de plus en plus largement ouvert, sans pour autant assurer la capacité effective des citoyens d'exercer leurs droits. Comme le dit Amartya Sen à propos des États-Unis, il faut aussi qu'ils aient la *capability* de faire un choix qui passe par une éducation ouverte à tous ou, plus simplement encore, par les moyens de transport pour aller voter.

L'histoire de la démocratie représentative et du suffrage universel porte en elle plusieurs enseignements. Le premier est que l'évolution a été lente comme l'est, en général, toute évolution culturelle et que les changements se sont cristallisés, chaque fois, à l'occasion d'une rupture : révolution ou guerre. La naissance progressive de la démocratie représentative ne doit pas cependant être liée seulement à la volonté du peuple, mais aussi, comme le dit Gabriel Ardant[1], au besoin de l'État de lever l'impôt pour pouvoir entretenir une armée professionnelle dotée d'équipements de plus en plus lourds. Le deuxième est que le suffrage universel donne à ceux qui n'ont pas le pouvoir économique le droit de s'exprimer. Le troisième est que les

---

1. Gabriel Ardant, *Théorie sociologique de l'impôt.*

capacités intellectuelles et politiques des citoyens ont été jugées longtemps à l'aune de leur richesse, rapprochant les critères de choix des électeurs des critères de valeur du capitalisme. Le quatrième, enfin, est que le droit de vote continue à s'élargir à la marge et que cette évolution n'est sans doute pas terminée.

Pour revenir en arrière, au moment où la France mettait en place le suffrage censitaire, Adam Smith considérait, comme Sieyes, que l'ouvrier ne pouvait prendre part aux délibérations publiques car « sa condition ne lui laisse pas le temps de prendre les informations nécessaires. Et en supposant qu'il pût se les procurer complètement, son éducation et ses habitudes sont telles qu'il n'en serait pas moins hors d'état de bien décider. » En même temps, il reconnaissait que « l'intérêt particulier de ceux qui exercent une branche particulière de commerce ou de manufacture est toujours, à quelques égards, contraire à celui du public ». Étrangement, c'est au moment où le capitalisme prenait son plein envol avec la révolution industrielle que son chemin et celui de la démocratie ont divergé. Par une sorte de compensation tacite, le pouvoir politique était étendu à tous les citoyens à travers le suffrage universel, alors que le pouvoir économique était abandonné aux mains des riches.

Les enjeux actuels de la démocratie

Comme nous l'avons vu plus haut, le principe démocratique ne se limite pas cependant aux règles de suffrage. Il doit permettre à chacun de participer aux décisions qui le concernent en tendant vers de plus grandes autonomie et responsabilité de chacun. Si ce principe concerne aussi bien la vie politique qu'économique ou sociale, il est loin d'être appliqué en réalité, sauf de façon fragmentaire et inachevée. La démocratie locale ne touche pas tous les habitants d'un même territoire. Le comité d'entreprise a un champ de responsabilité restreint. Rares sont les entreprises capables de déconcentrer le pouvoir de la hiérarchie, encore moins lorsque les ordres viennent de l'autre bout du monde, alors même que l'évolution de l'économie les y pousse. À quoi bon entrer dans l'ère nouvelle de l'économie de la connaissance, si cette connaissance ne permet pas aux salariés de développer leur autonomie ? Les nouvelles technologies et le développement des services rendent possible, en effet, dans un grand nombre d'entreprises, une organisation plus souple, plus démocratique et, *in fine,* plus efficace du point de vue de la compétitivité. Certaines entreprises leaders au niveau international ont adapté avec succès « l'organisation spaghetti », où une hiérarchie rigide en forme de pyramide est remplacée par une interférence générale des salariés. C'est le cas notamment d'Oticon, société spécialisée dans les appareils auditifs, qui sépare les fonctions opérationnelles, l'expertise technique et le développement personnel. Pour les fonctions opérationnelles, les salariés se répartissent librement par projet. S'ils sont très nombreux à le choisir, on considère que le projet est formidable. S'ils sont peu nombreux, on l'abandonne, considérant qu'il ne doit pas être intéressant. Tous progressent dans l'expertise technique ou dans le développement personnel en choisissant leur mentor. Cette organisation construite autour des salariés donne d'excellents résultats : la société, qui était en chute libre, est devenue l'une des entreprises phares dans son secteur. Sans aller aussi loin, d'autres sociétés font participer davantage les salariés à la gestion de l'entreprise, sachant que ce sont eux qui vont porter le plus grand risque en temps de crise. L'important est de progresser dans la voie d'une plus grande participation des intéressés directs aux décisions qui les concernent dans le cadre d'une collectivité quelle qu'elle soit – nation, région, commune, entreprise, parti ou association – et de répondre au désir de chacun d'être davantage responsable de son propre destin, qu'il s'agisse des femmes qui ne veulent plus être soumises aux hommes, des salariés qui rêvent d'échapper aux ordres des petits chefs ou des nations qui refusent d'être gouvernées par les dictateurs.

Aussi, les enjeux de la démocratie sont aujourd'hui triples :

Appliquer la devise de la République

L'enjeu le plus immédiat est de balayer devant sa porte, en restaurant en France une identité nationale fondée sur la devise de la République « Liberté, Égalité, Fraternité ». C'est la seule forme d'identité nationale qui mérite d'être défendue. Mais, bien qu'elle continue de briller sur le fronton des édifices publics, elle est loin d'être appliquée. Nous avons recomposé une société qui ressemble en filigrane à celle de l'Ancien Régime, avec ses classes, ses charges quasi héréditaires et sa dérive monarchique. Nous avons reconstitué les corporatismes abolis par la loi Le Chapelier. Nous avons rebâti les quartiers des exclus et des travailleurs pauvres, aussi loin que possible du château. Nous sommes même arrivés, en dépit de l'école obligatoire, la grande avancée de la IIIᵉ République, à récréer une armée d'illettrés qui regroupe 9 % des adultes actifs[1]. Il n'est pas étonnant que, dans un contexte de rejet des travailleurs peu qualifiés, près d'un tiers des illettrés se trouvent au chômage et plus d'un tiers des bénéficiaires des minima sociaux ne sachent ni lire ni écrire.

---

1. D'après les enquêtes menées par l'Insee en 2004 -2005, le pourcentage d'illettrés atteint 12 % si on inclut les personnes résidant en France, mais qui n'y ont pas été scolarisées…

Œuvrer pour le développement d'une vraie démocratie politique dans le monde

Le deuxième enjeu se situe au niveau mondial. Il est de contribuer, dans toute la mesure du possible, à ce que la démocratie, qui est devenue la forme de gouvernance universelle adoptée par quasi tous les pays de la planète, ne soit pas une démocratie d'opérette, versant à l'occasion dans la tragédie pure et simple. Après les quarante ans de domination soviétique sur les démocraties dites populaires, où toutes les règles de la démocratie étaient tronquées, le spectacle continue. De l'Iran au Gabon en passant par l'Afghanistan et la Tunisie, pour ne citer que les exemples d'actualité, le pouvoir prend les formes de la démocratie mais n'en adopte pas le contenu. Les élections ne sont pas libres. L'opposition est écrasée ou achetée. Les droits de l'homme sont bafoués. Il faut du temps pour construire un système démocratique et le temps de la mascarade n'est pas toujours le plus productif. L'Europe a tort de croire qu'elle est le seul berceau de la démocratie. Comme le rappelle Amartya Sen, le principe de la tolérance était pratiqué au Caire au XIIe siècle sous le vizirat de Saladin et par l'Empire mongol à la fin du XVIe siècle, au moment où la persécution des Juifs et des hérétiques battait son plein en Europe. Dès le IIIe siècle avant J.-C., l'Inde et la Chine avaient la tradition des assemblées publiques, où l'on discutait des problèmes de la cité. Cette tradition existe encore dans beaucoup de sociétés rurales et notamment en Afrique, où le conseil villageois débat de la gestion des terres et des travaux à mener en commun. La mise en place de la démocratie dans le monde aurait sans doute plus de chances si elle se rattachait à ces graines dormantes que sont les traditions locales, plutôt que d'être, une fois de plus, imposée de l'extérieur. Pour sortir de la grande illusion démocratique, qui domine actuellement, on pourrait imaginer un système de notation inspiré de celui pratiqué pour les grandes entreprises. Un triple A donnerait le droit de participer plus directement à la gouvernance mondiale, fondée aujourd'hui, comme la démocratie jadis, sur un système censitaire, lié essentiellement à la puissance économique.

Mettre en place une démocratie économique

Les relations du pouvoir et de l'argent n'ont certes rien de nouveau. Elles existent depuis l'origine de la cité. Mais les dangers aujourd'hui sont infiniment plus grands du fait de la mondialisation, qui ne permet pas d'arrêter la contagion d'un pays à l'autre. Ils sont liés à la croissance démesurée des entreprises internationales, dont le chiffre d'affaires dépasse de loin le produit national brut de nombreux pays et permet de dicter leur loi aux autorités politiques. Ils sont accrus par suite du développement de la finance virtuelle, qui prend le pas sur le financement de l'économie réelle et peut à tout moment recréer une nouvelle bulle et une nouvelle crise, dont ceux qui sont déjà les plus pauvres paieront le prix. Par-dessus tout, ce n'est pas le capitalisme qui est en mesure de surmonter le risque environnemental qu'il a contribué à créer et qui peut provoquer la fin de notre monde à tous. Il faut donc choisir aujourd'hui entre une démocratie qui s'étend au terrain économique et un capitalisme débridé, qui écrase la démocratie et risque de nous mener à la catastrophe finale.

La démocratie économique ne peut être la même que la démocratie politique. Quels que soient les défauts de cette dernière, elle est, on le sait, le meilleur des systèmes possibles. Elle a prouvé que les citoyens, pour autant qu'on fasse appel à eux, savent donner leur avis et prendre des positions qui ont une justification réelle. Pourquoi en serait-il autrement dans le domaine économique qui les touche de plus près ? Il ne s'agit pas de créer une égalité parfaite, mais de donner à chacun le droit de participer aux choix qui le concerne, au niveau qui le concerne, que ce soit l'organisation du travail dans une grande entreprise ou l'accès au capital pour créer son propre emploi. On peut penser, bien sûr, que ceux qui détiennent aujourd'hui le pouvoir économique ne voudront pas partager leur pouvoir, comme cela fut le cas aux débuts du suffrage censitaire. Mais on sait aussi que chaque homme a de multiples facettes.

Il est intéressé par le profit mais il sait que l'argent ne fait pas le bonheur et il est capable de la plus grande générosité. Il a besoin de réaliser son potentiel de créativité et il le fait parfois au détriment des autres, mais il vit en société et a besoin de son appui. Il est capable du bien comme du mal. Il a l'instinct de protection, mais il sait prendre des risques. Il ne voit que ce à quoi il est sensible, mais il est capable d'enlever ses œillères. Il n'est donc pas impossible que ceux qui s'enferment dans l'univers du profit, le jeu du paraître et l'indifférence à l'égard de ceux qui n'appartiennent pas à leur monde, s'ouvrent, s'épanouissent, comprennent.

On peut penser également que les acteurs économiques de base ne seraient pas capables d'exercer le pouvoir économique, si celui-ci leur était confié. Mais la réalité du monde d'aujourd'hui est que l'immense majorité de l'humanité exerce des emplois indépendants et déploie des trésors d'invention et de créativité pour survivre. En ayant accès au capital, à l'eau, à la terre, chaque homme est capable de créer de la richesse, tout comme il est capable de choisir son mode de gouvernement et ses gouvernants. Pour ce qui est du travail salarié, les grèves récentes au Bangladesh et en Chine ont bien montré que les ouvriers asiatiques ont vite compris les principes du capitalisme et de la concurrence. On peut espérer qu'ils arriveront à conquérir les droits sociaux, à l'image du prolétariat européen de la période industrielle.

Face à la complexité du monde qui ne cesse de croître, la réaction la plus facile est de simplifier l'homme en tentant de le réduire à une seule dimension, celle de l'argent. Avec le déracinement des sociétés qui suit celui des individus – exode rural, émigration, fracture sociale, mais aussi perte des repères religieux et éthiques – seul l'argent semble compter. Faute d'autres ancrages, la version rationnelle de la maximisation des profits, qui est la base du système capitaliste, dérive dangereusement vers le culte de la cupidité, qui est un péché individuel. Il faut retrouver aujourd'hui une vision plus large et plus réaliste de l'homme, dont la valeur ne peut se mesurer en termes de richesse. Nous sommes faits d'émotions, de sentiments, de raison, de talents, ainsi que des liens que nous tissons avec les autres. Les multiples dimensions d'une vie ne peuvent se mesurer à l'aide du seul étalon argent.

« Nos démocraties sont emprisonnées dans ce fondamentalisme du veau d'or et se prosternent devant lui », affirme Yehudi Menuhin, qui n'était pas seulement un grand violoniste. Il faut les libérer et ne pas se contenter des apparences. La démocratie passe par l'information et l'éducation des citoyens – on le sait depuis Jules Ferry –, mais aussi par la formation et le développement personnel tout au long de la vie. Elle exige le contrôle du pouvoir politique, la décentralisation du pouvoir économique et la régulation de la concurrence. Elle induit la protection sociale accordée, à tous ceux qui, quel que soit leur statut administratif, sont en difficulté pour cause d'âge, de maladie, ou de chômage temporaire, mais aussi la confiance dans les capacités de chacun et le droit d'entreprendre. Elle passe autant par le souci de l'efficacité économique que par celui de la justice et de la cohésion sociale. Défendre l'égalité des chances, c'est favoriser les trois à la fois.

En fin de compte, la démocratie politique est la participation de tous aux grands choix sociétaux de la collectivité. La démocratie économique, c'est la traduction de ces choix au niveau individuel à travers la participation de chacun à la création et au partage de la richesse, ainsi qu'à la préservation de l'environnement. Il n'y a pas de vraie démocratie sans le droit à l'initiative économique et pas de liberté individuelle sans règle collective. C'est la pression de tous les acteurs qui peut faire plier le capitalisme et nous aider à progresser vers la démocratie économique.

10.

Des lois favorisant l'efficacité économique et la justice sociale

> Une société bien faite serait celle où l'État n'aurait qu'une action négative de l'ordre du gouvernail : une légère pression au moment opportun, pour compenser un moment de déséquilibre.
>
> Simone Weil

Où l'on évoque la nécessité d'inscrire le développement humain dans un cadre de règles communes qui conjuguent éthique et simplicité et qui exigent le contrôle par un tiers.

L'esprit des lois

L'esprit des lois ne consiste pas à choisir une fois pour toutes comme règle d'action une vérité partielle et provisoire glanée dans la religion, la science ou l'histoire. Il n'y a pas de vérité éternelle dans le grand chaos du monde, hors la liberté que nous avons de choisir notre chemin dans le sens de l'intérêt commun de la société ou dans notre seul intérêt.

Comme l'explique Alain Supiot dans un livre remarquable de justesse, *L'esprit de Philadelphie – la justice sociale, face au marché totalitaire,* les deux grandes perversions du XXe siècle étaient toutes les deux liées à une vision scientiste, prétendant fonder le gouvernement des hommes sur des lois immanentes de la nature ou de l'économie. D'un côté, le nazisme fondait sa politique sur des prétendues lois biologiques qui ne permettent qu'aux meilleurs de survivre. Selon Hitler, « l'État n'est que le moyen d'une fin. La fin est la conservation d'une communauté d'êtres biologiquement et spirituellement semblables[1]. » De l'autre, le communisme se réclamait des lois régissant l'économie : « Ce n'est pas dans la tête des hommes, dans leur compréhension croissante de la vérité et de la justice éternelle, mais dans les modifications du mode de production et d'échange qu'il faut chercher les causes dernières de toutes les modifications sociales et de tous les bouleversements politiques[2] », écrivait Friedrich Engels. Dans les deux cas, les principes de

---

1. Adolf Hitler, *Libres Propos sur la guerre et sur la paix.*
2. Friedrich Engels, *Socialisme utopique et socialisme scientifique.*

236

gouvernement procédaient d'une vérité pseudo-scientifique excluant toute réflexion et prise de position de la communauté humaine concernée.

Ayant vécu dans mon enfance la terreur nazie et la terreur soviétique, j'ai cru pendant longtemps que leurs fondements étaient les mêmes. Ce n'est que dans ma jeunesse que j'ai découvert dans les livres qu'elles se revendiquaient de principes différents. J'ai constaté en même temps avec effarement l'opposition entre l'attitude tolérante des intellectuels français, séduits par l'idéologie communiste, à l'égard des crimes commis par les Soviétiques et leur réprobation réservée aux crimes nazis, même s'ils n'ont d'aucune façon tenté d'y résister. L'opinion publique a eu du mal à admettre que les deux croyances, tout en étant opposées dans leurs fondements, étaient proches par leur négation du réel, leur vision totalitaire et leur usage de la force.

L'horreur de la guerre amena les hommes, dans un premier temps, à rejeter toute approche scientiste, en proclamant, dès 1944, dans la déclaration de Philadelphie[1], la suprématie du droit et de la justice sociale.

Chaque phrase de cette déclaration place l'homme au centre de la politique et de l'économie :

---

1. Cette déclaration prise immédiatement après la guerre définissait les buts et objectifs de l'Organisation internationale du travail. Elle est en phase avec la Déclaration universelle des droits de l'homme votée en 1948.

- *le travail n'est pas une marchandise* ;
- *la pauvreté où qu'elle existe constitue un danger pour la prospérité de tous* ;
- *la lutte contre le besoin doit être menée avec une inlassable énergie au sein de chaque nation et par un effort international continu et concerté* ;
- *une paix durable ne peut être établie que sur la base de la justice sociale* ;
- *tous les êtres humains, quels que soient leur race, leur croyance ou leur sexe, ont le droit de poursuivre leur progrès matériel et leur développement spirituel dans la liberté et la dignité, dans la sécurité économique et avec des chances égales* ;
- *la réalisation des conditions permettant d'aboutir à ce résultat doit constituer le but central de toute politique nationale et internationale.*

Cette déclaration, exhumée de l'oubli par Alain Supiot, est très exactement la proclamation d'une économie mondialisée au service de la dignité humaine et de la justice sociale. Comment, partis d'un diagnostic aussi clair, et ayant connu l'expérience tragique de la guerre, avons-nous pu dériver vers une nouvelle vision scientiste fondée, cette fois-ci, sur la libre concurrence du marché, censé se réguler lui-même et imposer aux hommes sa loi ? Si personne ne met en doute l'économie de marché en tant que telle, nul ne peut nier que, faute de régulation adéquate, elle penche naturellement du côté de la loi du plus fort – celle du « renard dans le poulailler », dirait Engels – et dérive dangereusement vers la suprématie du grand capital. Alors, sommes-nous aveugles ou incapables de nous gouverner au nom du bien commun ? Ou encore prisonniers de ceux qui, plus clairvoyants ou plus aveugles, choisissent pour nous ? On en revient toujours au mythe du grand inquisiteur raconté par Ivan Karamazov[1] : Au XVIe siècle, à Séville, Jésus revient sur terre. Il est reconnu par le peuple, qui s'incline devant lui. Mais le grand inquisiteur, qui le reconnaît, lui aussi, le fait conduire en prison. La nuit, il vient le voir : « C'est Toi ? [...] Pourquoi es-tu venu nous déranger ? Car tu nous déranges, tu le sais bien. Mais sais-tu ce qui arrivera demain ? [...] Demain je Te condamnerai et tu seras brûlé comme le pire des hérétiques, et ce même peuple qui aujourd'hui Te baisait les pieds, se précipitera, sur un signe de moi, pour alimenter Ton bûcher. » Et, après un long discours sur l'Église qui pendant quinze siècles a œuvré pour remplacer la liberté par des règles, seules capables de rendre les hommes heureux, le grand inquisiteur conclut : « Tu veux aller au monde les mains vides, en prêchant aux hommes une liberté que leur sottise et leur ignominie naturelles les empêchent de comprendre, une liberté qui leur fait

---

1. *Les Frères Karamazov*, Fiodor Dostoïevsky.

peur, car il n'y a, et il n'y a jamais rien eu de plus intolérable pour l'homme et la société ! »

S'il n'existe pas de solution à la faiblesse humaine, il en existe une dans le domaine du droit. « Pour pouvoir fonctionner convenablement, les marchés doivent s'inscrire dans un schéma institutionnel à trois dimensions, où les rapports entre les opérateurs économiques se trouvent placés sous l'égide d'une instance tierce, garante de la loyauté de leurs échanges et du temps long de la vie humaine », déclare Alain Supiot et pour mieux faire comprendre son propos, il cite la place du marché de Bruxelles autour de laquelle se trouvent les sièges des institutions dont dépendait jadis le bon fonctionnement du marché : l'hôtel de ville, où siégeait l'autorité garante de la régularité des poids et mesures et les maisons des différents métiers, qui abritaient les corporations garantes du statut et de la qualité du travail des artisans.

C'est, entre autres, parce que ce cadre tridimensionnel a été remis en cause par la mondialisation et la déréglementation que les marchés financiers se sont effondrés. Les mêmes causes produisant les mêmes effets, ils ont toute chance de s'effondrer de nouveau, à la première occasion.

Aussi la première pensée que l'on peut avoir sur les lois qui régissent l'économie est qu'elles doivent être conçues et adaptées, non pas en fonction d'une vérité extérieure établie une fois pour toutes, mais en fonction des besoins humains. Si l'on veut, par ailleurs, qu'elles ne soient pas appliquées sur la seule base du rapport de force, cette application ne peut se passer d'un tiers qui garantit les engagements pris.

L'efficacité économique et la justice sociale

La justice sociale a pour préalable l'efficacité économique. C'est le premier argument des défenseurs du capitalisme et c'est un argument juste. Or, s'il est vrai que l'économie de marché, fondée sur une concurrence loyale entre les acteurs économiques, produit plus de richesse du simple fait qu'elle libère plus de créativité et d'initiative, il est tout aussi vrai que, laissée à elle même, sans régulation d'aucune sorte, elle dérape rapidement vers l'hypocrisie et la loi du plus fort. Comme nous l'avons vu plus haut, Adam Smith avait prévu la nécessité de protéger les plus faibles. C'est la part de son message qui est généralement oubliée. Deux exemples illustrent la réalité de cette dérive. Le premier se situe au niveau de la compétition internationale. Tous les grands pays ont protégé leur industrie pour la développer. L'Europe comme les États-Unis ont toujours protégé leur agriculture, en imposant aux pays pauvres de lever leurs barrières au nom de la libre concurrence. En Afrique, dont la population a dépassé le cap d'un milliard d'hommes, la destruction de l'agriculture locale par les pays riches, censés lui apporter leur aide, est le grand scandale de ce qu'on appelle l'aide au développement. Le second exemple est le détournement du droit comme arme de concurrence. Car, enfin, que sont les paradis fiscaux pour les grandes multinationales sinon une façon d'échapper à la concurrence réelle en utilisant des sociétés écrans, en manipulant les prix de transfert de leur production et en corrompant les décideurs politiques, exercice d'autant plus facile que le pays est pauvre[1] ? Comme l'affirme Alain Supiot, « l'urgence est de replacer l'économie de marché sur des bases institutionnelles solides, qui mettent en concurrence les entreprises et non pas les systèmes juridiques ».

Si le capital s'évade vers les paradis fiscaux, le travail lui ne peut s'évader que vers une autre zone de non-droit : le secteur informel ou le travail au noir. Les activités criminelles mises à part, cette évasion est rarement volontaire. Elle est le résultat de charges sociales excessives que les plus pauvres ne sont pas en mesure de payer et d'une complexité qu'ils n'arrivent pas à maîtriser. Si dans le statut de l'auto-entrepreneur ces charges ne dépassent pas

---

1. Voir Xavier Harel, *La Grande Évasion : le vrai scandale des paradis fiscaux.*

45 % des revenus les plus faibles, pour ceux qui relèvent d'un autre régime et se trouvent en dessous du seuil minimum, elles peuvent, nous l'avons vu, atteindre jusqu'à 96 % du revenu. Contrairement aux paradis fiscaux, le secteur informel ne permet pas aux entreprises de prospérer. Dans le premier cas, l'argent croît tout seul à l'abri du fisc, dans le second, le microentrepreneur travaille dur, évite des taxes mineures et les cotisations sociales, mais ne bénéficie pas des prestations sociales (à l'exception de la CMU[1]) et ne peut développer son activité, faute d'avoir pignon sur rue. Dans les quartiers en difficulté, les camionnettes sans nom d'entreprise affiché ne sont pas des véhicules familiaux. Ils sont bien destinés à une activité qui se protège comme elle peut d'un cadre juridique trop lourd et trop compliqué, qui ne lui permet pas de survivre. Pour ces petites activités, le régime de l'auto-entrepreneur est une solution inespérée, même si elle ne résout pas tous les problèmes. Face à la surréglementation des petites entreprises, ancrées au niveau local et soupçonnées, quoi qu'elles fassent, de fraude, la liberté des multinationales, qui dans un cadre mondialisé disposent des moyens nécessaires pour défendre au mieux leurs intérêts, paraît quasi illimitée.

---

1. Couverture maladie universelle.

Si l'on admet que l'économie de marché n'est pas une fin en soi, mais la façon la plus efficace de créer de la richesse, pour autant qu'on arrive à la réguler au niveau mondial, il reste à définir ce qu'on appelle la justice sociale. Cette notion, qui apparaît claire-ment dans la déclaration de Philadelphie, a été effacée des préoccupations des dirigeants du monde, aussi bien dans le cadre de l'économie socialiste que dans celui de l'économie de marché. Le travail est devenu une marchandise que l'on achète au plus bas prix, là où on la trouve. La pauvreté donne encore lieu à quelques incantations (tiens, 2010 est l'Année européenne de lutte contre la pauvreté et l'exclu-sion !), mais les objectifs du millénaire ont été jetés aux oubliettes, alors que le développement des échanges profite globalement aux pays du Sud – y compris à ceux répertoriés comme pauvres – et crée un moment favorable pour réduire la misère d'une large partie de leur population. L'effort pour satis-faire les besoins essentiels est encore bien inférieur à celui consacré à la création de faux besoins, à l'aide de campagnes publicitaires. Les êtres humains qui, en prenant des risques démesurés, « tentent de pour-suivre leur progrès matériel et leur développement spirituel dans la liberté et la dignité, dans la sécurité économique et avec des chances égales », sont expulsés *manu militari* des pays riches, qui, tout en professant le libéralisme mondial, se barricadent à l'abri de leurs frontières.

En renversant l'ordre des valeurs et mettant l'homme au service de l'économie de marché, on a transformé au passage la justice sociale en droit social. Cherchez vainement la correspondance entre les deux. La justice sociale met l'homme au centre de l'ordre économique et social. Le droit social définit la façon dont le capital social peut être utilisé par le capital financier, tout en assurant la protection des travailleurs. Dans le droit du travail français, qui compte pourtant un nombre de pages considérable, pas une ligne n'a été consacrée au travail indépendant qui permet au capital et au travail de se retrouver dans les mêmes mains.

Regardant toujours par le petit bout de la lorgnette, on a créé la Halde[1] pour lutter contre les discriminations individuelles. Certes, c'est utile. On ne peut qu'être d'accord sur la nécessité de faire respecter la loi, en veillant à l'égalité de traitement, dans la vie publique et professionnelle, de tous les citoyens, y compris des femmes, des handicapés et des personnes d'origine immigrée. La Halde a eu le mérite de dépasser son rôle en développant, au-delà du règlement des cas individuels, une jurisprudence au bénéfice de l'égalité sociale. Mais elle a été impuissante pour lutter contre les discriminations de masse engendrées par les lois et les politiques

---

1. Haute Autorité de lutte contre les discriminations et pour l'égalité.

menées par l'État dans une vision de court terme ou sous l'influence des intérêts privés. Que faire pour lutter contre l'apartheid des quartiers en difficulté, résultat d'une politique urbaine qui, en répondant à l'urgence de loger la main-d'œuvre dont les entreprises avaient besoin, a totalement négligé les effets d'isolement et de discrimination ? Que faire contre ce qu'Alain Supiot appelle « la privatisation de l'État providence », c'est-à-dire le détournement du droit social au bénéfice des plus riches ? Ainsi, « le droit du travail est devenu le lieu le plus visible du renversement des rôles qui s'est opéré entre l'État, l'entreprise et la finance. Là où, dans la tradition colbertiste, l'État dictait les grandes lignes d'une politique économique, que les grandes entreprises mettaient en œuvre et que les financiers devaient servir, ce sont aujourd'hui les objectifs financiers qui guident la conduite des entreprises, tandis que le coût des sacrifices humains qui en résultent est supporté par l'État, soit directement par le financement des politiques de l'emploi, soit indirectement, lorsqu'il doit faire face à la misère, la violence et l'insécurité. »

Un équilibre entre liberté et sécurité

Tout homme a besoin à la fois de liberté et de sécurité. La révolution industrielle, en limitant la liberté des ouvriers par le travail à la chaîne, amena les syndicats à mettre, par compensation, l'accent sur la protection sociale. C'est au moment où le modèle français est arrivé à couvrir tous les aspects de la sécurité sociale des salariés que le système économique est entré dans une phase de mutation profonde, remettant en cause l'organisation du travail elle-même. Dans ce contexte nouveau où, d'un côté, les grandes entreprises multinationales continuent de grandir en fusionnant et en délocalisant leurs activités autour du globe et, de l'autre, une multitude de microentreprises nouvelles naissent chaque jour au niveau local, le travail indépendant offre plus de liberté que de sécurité. Il est pour certains un pis-aller, voulu par les patrons, qui préfèrent externaliser certains services, et pour d'autres, une chance de s'épanouir et de développer une activité, qui pourra, le cas échéant, donner naissance à une petite ou moyenne entreprise. Entre ces deux extrêmes – ceux qui y vont à reculons et ceux qui y trouvent leur bonheur –, il y a la masse de ceux qui préfèrent créer leur propre emploi plutôt que de rester au bord de la route et de vivre sous la tutelle de la protection sociale.

Dans cette période de changement et d'instabilité, qui va durer bien au-delà de la crise économique, le plus important est de permettre aux travailleurs de passer librement d'un statut à un autre, en gardant leurs droits. Faut-il, d'ailleurs, autant de statuts ? L'essentiel est que la protection sociale soit attachée à l'individu tout au long de son parcours professionnel et qu'il puisse devenir salarié, créateur d'entreprise ou travailleur indépendant, sans perdre, chaque fois, tous les acquis. Faut-il s'enfermer dans une logique assurancielle, qui bénéficie aux salariés mais exclut les parcours plus chaotiques ? Ce qui compte, dans un monde d'inégalités, c'est que ceux qui n'ont pas eu de chance au départ puissent bénéficier d'une seconde chance. Le coût pour la collectivité d'un jeune sorti de grande école est de l'ordre de 200 000 euros. Pour celui qui se retrouve en situation d'échec à seize ans, il est inférieur à 100 000 euros[1]. Il serait à la fois conforme à la justice sociale et à l'efficacité économique que chacun puisse bénéficier tout au long de sa vie d'un capital-initiative et d'un capital-formation qui l'aide à s'insérer de façon active dans la société. Dans une économie qui est en train de se rénover par la base, le capital-initiative pourrait servir, entre autres, à fournir le minimum de fonds propres et de formation-conseil nécessaires, en plus du crédit, pour créer son propre emploi. Il y a peu de chances que les jeunes en rupture scolaire ou les travailleurs peu qualifiés, qui sont les premiers à souffrir du chômage dans la nouvelle configuration

---

1. « Le coût de l'éducation en 2005 », note d'information n° 06.28 du ministère de l'Éducation nationale citée dans le livre de Denis Clerc : *Travailleurs pauvres*.

de l'économie, puissent rattraper des années d'études. Mais l'on peut être peu qualifié sur le plan technique et avoir la bosse du commerce ou le génie des relations humaines, qui permettent de créer une entreprise dans le secteur tertiaire. L'expérience de l'Adie le prouve : 24 % de ses clients savent à peine lire et écrire, ce qui n'est pas un cas rare en France [1]. Ils réussissent, néanmoins, aussi bien que les 34 % de ceux qui ont fait des études universitaires. Certes, les métiers et les chances de développer l'entreprise ne sont pas les mêmes, mais l'important est que chacun aille au bout de son talent, qu'il puisse retrouver son autonomie et sa dignité tout en contribuant au bien commun, plutôt que d'être porté, à bout de bras, par la collectivité, qui ne manque pas de le lui faire sentir.

Simplicité, gardienne du sens

S'il y a un déficit de réglementation au niveau de l'économie mondiale, l'économie locale nage dans la surabondance et la complexité des textes. Or, pour que chaque citoyen soit en mesure de les comprendre, les lois doivent non seulement être

---

1. Lors de la Journée de la préparation à la défense à laquelle 800 000 jeunes ont participé en 2006, 21,3 % des jeunes ne parvenaient pas ou très difficilement à lire un texte. Parmi eux la moitié n'y parvenait pas du tout. Cité par Denis Clerc dans *Travailleurs pauvres*.

justes, mais aussi simples et applicables par tous. La complexité est génératrice d'inégalités : ce sont ceux qui sont les plus éduqués ou ceux qui peuvent payer des services d'experts qui sont avantagés. Elle entraîne aussi la perte de sens. Quand tout est compliqué, on ne sait plus où l'on va. On se perd dans le labyrinthe. L'esprit des lois s'efface des textes qui s'attachent à des aspects secondaires et oublient l'essentiel. Dans le monde où nous vivons, une notice, qu'il s'agisse de celle accompagnant un prêt, un médicament ou un outil, est si compliquée que, par pudeur sans doute, on l'imprime avec des lettres minuscules, qu'il est impossible de déchiffrer. Notre monde est si complexe que les économistes ne sont capables de comprendre et de prédire qu'un seul aspect de la crise, les avocats sont obligés de se spécialiser dans un type de droit, les fonctionnaires préfèrent ignorer ce que font leurs collègues dans le bureau d'à côté. Chaque Premier ministre, en prenant ses fonctions, commence par fustiger la complexité des lois que son gouvernement s'empresse aussitôt d'accroître afin que chaque ministre puisse laisser sa marque[1]. Le Parlement voit passer 2 000 pages de textes législatifs par an, qu'il n'est pas en mesure d'étudier sérieusement. Les citoyens ne sont pas capables de les connaître et,

---

1. Le nombre de lois ne cesse d'augmenter. Entre 1980 et 2006, le nombre des pages de lois votées par le Parlement est passé de 632 à 2 000 (*Le Monde* du 27 janvier 2010).

a fortiori, de les respecter, d'autant plus que chaque loi est assortie d'une cascade de décrets, arrêtés et circulaires.

Faisons un rêve. Imaginons la société française libérée de son corset de lois et de réglementations qui s'ajoutent les unes aux autres, sans que quiconque les maîtrise. Imaginons une économie fluide pour le travail comme pour le capital, qui ne bute pas constamment sur des limites arbitraires entre les catégories et des seuils tout aussi arbitraires. Des parcours professionnels qui ne soient pas segmentés par des statuts et des frontières infranchissables en matière de protection sociale, mais où celle-ci serait liée à l'individu. C'est le rêve d'une société de confiance où l'État servirait d'arbitre et non de gendarme.

Des règles claires pour établir un lien entre la complexité de l'homme et celle du monde

Pour établir un lien entre la complexité de l'homme et celle du monde et rester au plus près de la réalité, il faut des règles simples. L'anthropologie permet de mettre en valeur les liens entre les différentes facettes de la société qui, bien évidemment, ne se limitent pas à la finance et au profit. L'un des enseignements majeurs du structuralisme de Claude

Lévi-Strauss est qu'il n'est pas possible de décrire la complexité des sociétés humaines, mais que les grandes lois de ces sociétés sont universelles. Le structuralisme appliqué à la réglementation pourrait signifier qu'il n'est pas nécessaire, au nom du principe de précaution, de cadrer dans le moindre détail l'activité des citoyens. D'abord parce qu'il n'est pas possible de prévoir tous les risques. Ensuite parce que le regard de la société change d'un lieu à l'autre, d'un moment de l'histoire à l'autre. Enfin, parce qu'en mettant trop de freins et d'entraves, on ne permet plus aux citoyens d'avancer. C'est aussi le grand enseignement de l'économie centralisée, pratiquée pendant quarante ans en Europe de l'Est. À force de planifier le nombre de chaussures noires pointure 40, on manque cruellement de chaussures marron pointure 43. À force d'obliger les paysans à se regrouper en coopératives et à livrer leur production à l'État, on manque de produits alimentaires dans les magasins. À force d'interdire l'initiative privée, on crée une armée de fonctionnaires-robots payés pour empêcher les citoyens de manifester la moindre créativité. Le comble de mauvaise foi consiste alors à mettre en place une propagande qui glorifie le système pour le faire survivre.

On a vu que la main invisible du marché ne résout pas tous les problèmes. La protection de l'État est nécessaire à l'égard des plus faibles. Mais cette protection doit se limiter à défendre l'intérêt général (la défense des plus faibles en fait partie, au nom de la cohésion sociale), et éviter de tout réglementer, lorsque cela n'est pas nécessaire. Cela n'est pas facile dans la mesure où l'intérêt général est lui aussi une notion fluctuante en fonction de l'époque et du groupe social. Pour Gandhi, le bon indicateur était de voir si telle mesure était bonne pour les plus pauvres. Si c'était le cas, elle était bonne pour tous. Cette pratique du plus petit dénominateur commun rejoint la doctrine de la Commission européenne et le Small Business Act. Ce qui est bon pour les très petites entreprises est en effet bon pour toutes, le contraire n'étant pas vrai. Elle s'oppose à des visions corporatistes où chaque corps de métier défend ses intérêts au détriment des autres et où l'État cédant à l'un est, *de facto*, obligé de céder à tous.

Le souci de moins réglementer, mais de réglementer juste, va de pair avec une observation plus attentive du réel, dont la complexité s'accroît et exige une pluralité de regards pour être perçue dans son ensemble. Mais plus le réel est complexe, plus la réglementation doit être simple et porter sur l'essentiel pour être comprise, appliquée et ne pas gêner l'initiative ou réduire la responsabilité des acteurs privés. L'homme – on le sait – est un être pluridimensionnel, qui ne peut être réduit à son désir de profit. Le contexte économique dans lequel il vit,

est, lui-même, de plus en plus difficile à appré-
hender, combinant l'ancrage local et l'ouverture
internationale, les vestiges du passé et la trame préfi-
gurant l'avenir. Pour faire le lien entre la complexité
de l'individu et la complexité du monde qui naît, il
faut, en matière économique, des règles simples et
universelles fondées sur la confiance et, autant que
possible, un contrôle *a posteriori*. La longue bataille
livrée par l'Adie pour donner le droit à l'initiative
économique aux plus pauvres en témoigne.

L'exemple des civilisations disparues

La simplicité n'est pas seulement porteuse de
sens, elle est aussi porteuse de vie. L'étude des civilisations anciennes semble montrer que plus une
société progresse, plus elle devient complexe et plus
elle se fragilise. C'est la thèse de l'archéologue
Joseph Tainter[1], pour qui la plupart des civilisations anciennes se sont effondrées parce que la
complexité croissante à laquelle elles sont arrivées
sur le plan technique comme sur le plan de la
gestion a eu pour résultat une rentabilité décrois-
sante en matière de production de biens essentiels.
Pour prendre un exemple, la mise en place d'un

---

1. Joseph Tainter, *The Collapse of Complex Societies*, 1988, cité par
Debora McKenzie dans le *Courrier international* n° 946-947 du 18 au
31 décembre 1998.

système d'irrigation répond au problème de la sécheresse, mais entraîne la nécessité de dragage des canaux. Pendant que la population augmente avec la récolte, la maintenance des canaux exige une administration pour la gérer et des impôts pour la financer. La mise en place d'un appareil fiscal entraîne, à la suite des plaintes des contribuables, la création d'un système d'inspection et ainsi de suite. Les recherches historiques de Joseph Tainter sont confirmées par d'autres chercheurs spécialisés dans l'analyse des systèmes complexes[1]. Partant non plus de l'analyse historique mais de la réalité actuelle, ils arrivent à la conclusion que le niveau d'intercon-nexion des réseaux, qu'il s'agisse de l'énergie, de l'argent, des produits ou des hommes, amplifie et transmet le moindre choc. Pour illustrer cette conclusion par une actualité récente, on voit bien comment la mondialisation de l'économie a propagé la crise financière, initiée aux États-Unis avec celle des *subprimes*, à la planète entière, ou comment le tempête Xinthia a privé d'électricité toute une région de France. Cela ne serait pas arrivé il y a deux cents ans avec un système financier plus rustique, une économie plus compartimentée et un éclairage à la bougie. Sans vouloir revenir à l'âge des

---

1. Yaneer Bar Yam, directeur du New England Complex System Insti-tute, Cambridge (Massachussetts) et Thomas Homer-Dixon, professeur de sciences politiques à l'université de Toronto : *The Upside of Down : Catastroph, Creativity and the Renewal of Civilizations* cités dans le même article.

cavernes, il est temps de reconnaître l'extrême vulnérabilité de l'économie mondiale fondée sur l'exploitation des énergies fossiles et l'agriculture industrielle et d'orienter davantage nos efforts vers le développement local et des circuits courts.

Créer une gouvernance mondiale et alléger la bureaucratie locale

L'économie s'est mondialisée, mais elle manque cruellement de règles et de gouvernance au niveau international. Alors qu'il devient indispensable, en parallèle de la mondialisation, d'encourager le développement local, celui-ci, quand il ne manque pas de moyens, est paralysé par des réglementations absurdes, qui brident l'initiative des citoyens. Au moment où les plus grands dangers menacent notre planète, inscrire le principe de précaution dans la constitution, l'appliquer pour le détail et l'ignorer pour le principal est-il vraiment la bonne réponse ?

Parlons d'abord du principal. L'économie mondiale exige une gouvernance mondiale, établie sur des règles plus démocratiques. Cela est vrai des organismes internationaux tels que la Banque mondiale ou le FMI, où les droits de vote s'inspirent du système censitaire de l'Ancien Régime. La récente augmentation du capital de la Banque mondiale va dans le bon sens, en faisant de la Chine le troisième actionnaire de l'institution et en augmentant la part des pays émergents, mais beaucoup reste à faire pour donner plus de place aux pays en voie de développement. La création du G20 est un premier pas vers la gouvernance mondiale, qui montre que les États sont capables de se concerter, quand le risque les oblige à le faire. Encore faudrait-il que les décisions puissent être prises dans des délais compatibles avec l'urgence des situations et que les remèdes évoqués au moment du plus grand danger ne soient pas mis de côté, lorsque la situation s'améliore provisoirement. Les mesures prises séparément par les différents pays, qu'il s'agisse des bonus, des paradis fiscaux, des ventes à découvert ou, plus récemment, de déficits publics ou de taxe bancaire, montrent à quel point nous sommes loin encore d'une gouvernance mondiale.

Le même raisonnement s'applique aux instances européennes dont le renforcement est la condition *sine qua non* de la place que l'Europe gardera dans le monde de demain. Si le dispositif financier mis en place en mai 2010 pour sauver la Grèce et l'euro est impressionnant et inespéré, il y a peu de chances qu'il soit véritablement efficace, si l'Union européenne ne revient pas à ses principes fondamentaux : contrôle des déficits budgétaires et convergence des économies nationales, auxquels

s'ajoutent désormais les besoins nouveaux d'ajustement structurel et de restructuration de la dette.

L'État, pour autant, garde une partie importante
des instruments de pilotage de l'économie de
marché à travers la réglementation et à travers la
politique budgétaire et fiscale. Il n'a pas hésité à s'en
servir au moment de la crise sous la pression des
puissants. Il faudrait qu'il s'en serve aussi, lorsque
cela est nécessaire, pour protéger les petits acteurs
économiques.

Tout en queue de la file des patineurs, le citoyen
de base est, lui, puissamment encadré par une réglementation portant sur tous les détails de sa vie
quotidienne au respect de laquelle veille une abondante armée de fonctionnaires. Difficile de croire
aujourd'hui que, lorsque Napoléon Ier créa les
bases de l'administration publique, dans un souci
d'économie, seuls les chefs et sous-chefs de bureaux
étaient titularisés et disposaient d'un bureau. Les
agents de base : plumitifs, copistes, expédition-
naires n'en avaient pas et travaillaient à la tâche.
À l'image de Verlaine, employé à l'Hôtel de Ville, ils
avaient généralement une autre occupation. Tout
au long du XIXe siècle, le développement de
l'économie et la tendance naturelle de l'administration à multiplier ses tâches et défendre ses propres
privilèges fit grandir le corps des fonctionnaires

titularisés. On en arrive ainsi aujourd'hui à un nombre total de fonctionnaires représentant 20 % des salariés, ce qui engendre non seulement des dépenses budgétaires très lourdes, mais aussi une production de lois et réglementations dépassant la capacité d'absorption des citoyens et limitant leur esprit d'initiative ou de solidarité. Le pouvoir de l'État s'exerce de haut en bas, à travers une élite formatée sur le même modèle, connaissant peu ou pas la réalité du terrain. La décentralisation à la française, qui n'est pas allée au bout du projet, ne permet pas vraiment de contrecarrer cette tendance.

11.

La révolution pacifique

Sois le changement que tu veux voir dans le
monde !

Mahatma Gandhi

*Où l'on esquisse les conditions d'une révolution
pacifique et évoque les actions citoyennes qui s'organisent ou pourraient s'organiser pour peser sur notre
avenir commun.*

La révolution pacifique repose sur trois axes, qui
lui donnent toute sa force : équilibre entre des valeurs
apparemment contradictoires, qui évitent de basculer
dans une action partisane, la confiance et la démonstration par l'exemple, qui sont ses forces motrices.
Elle ne peut être menée que par nous citoyens et
acteurs économiques de base, parce que nous sommes
tous complices du système : épargnants qui voulons

retour sur investissement de 15 %, consommateurs qui achetons, au plus bas prix, les produits fabriqués en Chine, salariés ou travailleurs indépendants qui voulons que nos entreprises restent en France et que nos revenus augmentent en dépit de la concurrence à laquelle elle doivent faire face.

La voie du milieu

La dérive du capitalisme est celle de la facilité. Il est tellement plus aisé de se laisser guider par la seule règle du profit, en fermant les yeux sur l'injustice du monde et la façon dont chacun pourrait contribuer à la réduire ! Pourtant la vie, comme le management et la politique, est avant tout une question d'équilibre. Citons Simone Weil : « Harmonie sociale : si on sait par où la société est déséquilibrée, il faut faire ce qu'on peut pour ajouter du poids dans le plateau le plus léger [...] Mais il faut avoir conçu l'équilibre et être toujours prêt à changer de côté, comme la justice, cette fugitive du camp des vainqueurs. » Rien n'est plus difficile en politique, en management comme dans la vie, que de suivre « la voie du milieu », pour reprendre une expression bouddhiste. La tendance naturelle consiste à passer d'un extrême à l'autre, du libéralisme à l'outrance à une économie centralisée, ou vice versa. Toute l'histoire de l'économie mondiale est cette oscillation à la recherche d'une doctrine qui résolve simplement une question complexe.

La bataille entre le libéralisme et le socialisme est, en fait, une bataille d'équilibre entre l'initiative individuelle d'une part et la solidarité de la collectivité de l'autre. On sait, depuis la chute du communisme, que la solidarité des soviets tourne vite au pouvoir dictatorial de quelques-uns, et que l'éradication de l'initiative individuelle aboutit à réduire la richesse de tous. Mais on sait, en sens inverse, et la crise ne fait que le confirmer, que la domination de l'intérêt privé, la non-prise en compte de l'intérêt commun est une autre forme de dictature, qui met en danger l'économie et la société tout entière. Il est, peut-être, temps d'appliquer la dialectique hegelienne de la thèse, antithèse, synthèse et de tirer les leçons des échecs dus aux passages d'un extrême à l'autre et à l'absence de l'équilibre nécessaire entre la liberté de l'individu et l'unité du groupe. Le vrai enjeu n'est pas le choix entre le libéralisme et le socialisme. Ni l'un ni l'autre ne sont en mesure, seuls, de résoudre le problème. C'est l'équilibre entre les deux qui compte et cet équilibre n'est évidemment pas le même d'un moment de l'histoire à l'autre et d'un pays à l'autre. Ainsi Solidarnosc, syndicat ouvrier dans un pays soumis au pouvoir communiste, a mené une bataille pour la liberté et s'est incarné, après l'avoir gagnée, dans un parti libéral. La gauche et les syndicats européens l'ont unanimement applaudi, bien qu'ils défendent les valeurs opposées dans des pays capitalistes. Pourtant personne n'a voulu abandonner sa doctrine ni ses slogans, car croire en l'une et déclamer les autres permet de ne pas penser et d'ajuster ce qu'on croit être la vérité à une réalité sans cesse mouvante.

Transféré dans un contexte français, comment peut-on choisir entre liberté et sécurité ? Les hommes ont besoin des deux, comme ils ont besoin d'un sentiment de fraternité, d'une cohésion horizontale entre les citoyens, qui ne peut pas être remplacée par l'action verticale et la protection exclusive de l'État. Pourtant l'image de la droite est de défendre la liberté, fût-elle injuste, en réduisant les dépenses sociales est celle de la gauche est de s'arquebouter sur la défense du rôle de l'État providence, fût-il inefficace. Les politiques sociales peinent à trouver un équilibre entre les mesures facilitant l'initiative individuelle et celles apportant à chacun l'appui dont il a besoin. Entre ces deux options, libérale et sociale, la voie du milieu consisterait à adapter la politique à la réalité pour optimiser à la fois l'efficacité économique et la justice sociale. Pour un État dont la contrainte budgétaire devient de plus en plus forte, transformer la dépense passive pour l'emploi en dépense active est une obligation. Dans une économie en mutation, la politique du *statu quo* n'est pas une ligne de défense qui tienne. Créer des entreprises nouvelles permet non seulement à ceux qui sont licenciés de créer leur propre emploi, mais aussi de créer des emplois salariés. Dans un marché de travail fluctuant, où les gens passent désormais d'un statut à l'autre, lier la protection sociale à l'individu, et non pas au statut, est une vision de bon sens.

Adie, une micro-expérience d'équilibres multiples

À un niveau microéconomique par rapport aux enjeux nationaux, l'Adie a expérimenté une politique d'équilibres multiples.

Le premier et le plus fondamental est l'équilibre entre l'initiative individuelle des chômeurs créateurs d'entreprise et la solidarité de l'entourage. L'initiative des chômeurs est le point de départ. Elle déclenche le parcours d'élaboration du projet, qui exige beaucoup d'imagination, d'énergie et de persévérance. Mais cette initiative aurait du mal à aboutir sans un appui extérieur en termes d'écoute, de formation et de conseil comme en termes de crédit. Ce dernier n'est pas considéré uniquement par l'emprunteur comme le capital nécessaire à la réalisation de son projet, mais aussi comme un acte de confiance en son projet et en sa capacité personnelle de le réaliser. Le crédit qu'on lui accorde, au double sens de ce mot, lui redonne confiance en lui-même, confiance souvent perdue pendant les années de chômage et les années d'errance auprès des multiples guichets de protection sociale. Considéré à travers le prisme administratif comme titulaire de tel ou tel statut, l'exclu retrouve à travers la réalisation du projet son identité, son histoire et un avenir, fermé jusqu'alors. Aux côtés de l'Adie, qui apporte un soutien de proximité, il y a tous ceux qui appuient son action : les banques qui refinancent le microcrédit, les collectivités locales, l'État, la Commission européenne, qui couvrent le coût de l'accompagnement, les entreprises et les particuliers qui lui apportent leur aide. C'est une chaîne de solidarité, qui ne vient pas d'en haut, conformément à telle loi et à tel décret d'application. Elle est l'expression spontanée de la fraternité citoyenne.

Le deuxième est l'équilibre entre l'objectif social et la logique financière. Il ne s'agit pas, en effet, de faire la charité aux pauvres, pas plus que de faire du profit sur la misère. Il faut cheminer sur l'étroite ligne de crête qui sépare les deux, en considérant que l'on travaille au bénéfice des personnes en difficulté et de leur sortie de l'exclusion, mais que, pour que cette action puisse s'étendre et se pérenniser, il faut tenter de couvrir les coûts du microcrédit. On tombe très vite, alors, dans la problématique du taux d'intérêt, qui, en France plus que partout ailleurs dans le monde, est d'une sensibilité extrême. Cette problématique a déjà été évoquée dans le chapitre 6. Aussi suffit-il de rappeler qu'au-delà d'autres explications les deux règles majeures sont, d'une part, de ne pas absorber une part excessive du revenu des personnes pauvres, afin qu'elles puissent garder un reste à vivre suffisant, et, d'autre part, générer pour le client un revenu largement supérieur au coût du prêt.

Le troisième est un équilibre opérationnel entre le microcrédit et l'accompagnement des porteurs de projet, aussi importants l'un que l'autre, dans un contexte de création d'entreprise autrement complexe que le développement des petites activités traditionnelles génératrices de revenu dans un pays en voie de développement.

La dynamique de la confiance

Le plus grand déficit de la France est celui de la confiance. C'est ce déficit qui fait que rien ne va et que le pays n'a pas le courage d'entreprendre les réformes nécessaires. L'importance de la confiance se situe à trois niveaux :

La confiance en soi permet de se projeter dans l'avenir

La révolution tranquille des démocraties populaires commença avec le message de Jean Paul II à la foule regroupée sur la plus grande place de Varsovie : « N'ayez pas peur. » Lorsqu'on exclut l'usage de la violence, il faut en effet plus de courage et de foi dans la cause que l'on défend. C'est ce message du pape qui déclencha l'organisation de la société polonaise en vue d'une opposition pacifique au régime communiste et la naissance de Solidarité, qui utilisa le pouvoir ouvrier contre le Parti ouvrier polonais. Cette organisation de la société civile, en vue d'abolir le pouvoir communiste, se répéta dans d'autres pays. Certes, elle bénéficia de l'échec de l'économie planifiée, qui s'est traduite par une baisse générale de la productivité, de l'arrivée au pouvoir de Mikhaïl Gorbatchev et de la remise en cause, au sein même de l'Union soviétique, d'un régime qui ne pouvait se maintenir que par la force. Une fois de plus l'histoire confirmait le vieil adage de la Russie tsariste : « On peut tout faire avec les baïonnettes, sauf s'asseoir dessus. » Mais, fondamentalement, la révolution se fit sans intervention extérieure, grâce à la mobilisation de la société civile, et le régime s'effondra comme un château de cartes, subitement, sans que personne ait su le prévoir.

C'est cette confiance qui nous manque et que les dirigeants, qu'ils soient de droite ou de gauche, ne savent pas nous communiquer.

La confiance est le mécanisme de réduction de la complexité sociale[1]

Une société où les écarts de richesse et l'inégalité des chances se creusent, où la réglementation, de plus en plus complexe, profite *in fine* à ceux qui ont les moyens de la tourner ou détourner ne reconnaît et n'intègre pas les acteurs économiques de base. Ceux-ci sont à peine visibles du haut de la pyramide, cachés par les nuages de l'autosuffisance et l'éclat du profit. Leurs capacités ne sont pas reconnues. Ils ont le droit de voter et de participer au choix des orientations politiques, ils ont le droit d'élire leurs représentants au comité d'entreprise et leurs délégués du personnel, mais ils ne participent pas ou si peu à définir leur organisation du travail. Le diagnostic du mal-être des salariés fait par Yves Clot et Philippe Zarifian vient d'abord du manque de confiance : « Le mal ne vient pas du fait que les salariés n'auraient pas les ressources personnelles pour faire face aux contraintes de l'organisation. C'est d'abord l'inverse. C'est l'organisation du travail qui manque de ressources pour leur permettre de travailler correctement. Ils ne sont pas trop petits pour elle. Ce sont eux qui sont à l'étroit. Elle les ampute de leurs possibilités. Il s'agit encore et toujours de regarder les salariés comme des infirmes à qui envoyer l'ambulance de la

---

1. Formule de Daniel Boy.

cicatrisation sociale[1]. » Ce diagnostic s'applique, à vrai dire, aussi bien aux salariés qu'aux travailleurs indépendants. Beaucoup de créateurs d'entreprise qui ont vécu des parcours de galère ont une capacité d'invention et de débrouillardise particulièrement aiguisée. Ils prouvent que la confiance qui leur est faite à travers le microcrédit est pleinement justifiée. Certes, il ne s'agit pas de limiter la créativité propre des consultants qui inventent des modes d'organisation nouvelles ou celle des fonctionnaires qui inventent des règles et des lois, rendant les différents codes de plus en plus impénétrables. Chacun a besoin de créer, mais pour ne pas le faire au détriment des autres, il doit respecter la règle de base : ne pas se détacher de la réalité, ne pas dessiner des arabesques dans le ciel qui pourraient retomber ensuite sous forme de foudre ou de grêle sur ceux qui sont directement concernés. Et cela exige en dehors d'une certaine humilité, une connaissance de cette réalité qui ne s'acquiert que de près.

La confiance est le seul moyen de lever les blocages actuels

La confiance est aussi le seul moyen de lever les blocages actuels. Un petit livre remarquable de

---

1. « Évaluation des performances, point aveugle », article de Yves Clot, titulaire de la chaire de psychologie sociale au Cnam et Philippe Zarifian, professeur de sociologie à l'université de Paris-Est-Marne-la-Vallée.

Yann Algan et Pierre Cahuc, *La Société de défiance : comment le modèle social français s'autodétruit*, montre comment, depuis la Seconde Guerre mondiale, l'incivisme et la défiance des Français à l'égard de l'État, de leurs concitoyens et du marché sont alimentés par l'étatisme et le corporatisme de notre modèle social. « Le corporatisme, qui consiste à octroyer des droits sociaux associés au statut et à la profession de chacun, segmente la société et opacifie les relations sociales, ce qui favorise la recherche des rentes, entretient la suspicion mutuelle et mine les mécanismes de solidarité. L'étatisme, qui consiste à réglementer l'ensemble des domaines de la société civile dans leurs moindres détails, vide le dialogue social de son contenu, entrave la concurrence et favorise la corruption. »

La France se trouve ainsi engagée dans un cercle vicieux dont le résultat est non seulement une réduction de la croissance et de l'emploi, mais aussi une érosion de l'aptitude au bonheur.

En lisant ce livre, je ne peux m'empêcher de penser que parmi les Français heureux que je connais, il y a d'abord les chômeurs créateurs d'entreprise, clients de l'Adie, qui n'ont rien à perdre et tout à gagner.

La démonstration par l'exemple

Qui peut-on croire dans le monde d'aujour-d'hui ? Les politiques ? Les électeurs savent qu'ils ne résistent pas à un effet d'annonce et qu'il y a un grand fossé entre le programme présenté et la politique suivie. Les responsables économiques ? D'après tous les sondages, les Français ne croient pas que les dirigeants de banques vont changer leurs habitudes. L'Église ? Les scandales récents montrent, là aussi, à quel point les paroles et les actes peuvent diverger. En fin de compte, à l'image de saint Thomas, les gens croient ce qu'ils voient et ce qu'ils touchent. Rien d'autre. Il est donc important pour l'efficacité de l'action, comme pour sa propre satisfaction, de faire ce qu'on dit et de dire ce qu'on fait, ce qui est loin d'être chose facile. Là aussi, les associations engagées dans l'action au bénéfice des plus pauvres ont un rôle important à jouer, non seulement pour leur apporter un complément d'aide sociale, mais aussi, ce qui est tout aussi important, pour les aider à s'en sortir en faisant appel à leurs propres capacités.

Les révolutionnaires en puissance

Le capitalisme est aujourd'hui dans une situation comparable à celle de l'économie planifiée à la fin des années 1980. On sait qu'il part à la dérive et qu'il est urgent d'en reprendre le contrôle dans un cadre mondialisé et de préférence démocratique. Personne n'y croit vraiment car personne n'a le pouvoir d'en décider. Mais, là aussi, la révolution peut être pacifique et fondée sur la société civile. De même que Solidarité utilisait les ouvriers contre le pouvoir communiste, la révolution pacifique contre les abus du capitalisme passe par ses parties prenantes : les épargnants, les actionnaires, les consommateurs, les salariés et les managers. Parce qu'ils sont tous concernés et parce que les États ne prendront pas les mesures de régulation nécessaires sans la pression de l'opinion publique. Peut-être faut-il simplement se rendre compte que nous sommes tous solidaires pour bâtir l'avenir de nos enfants et qu'il est de notre devoir de leur laisser un monde vivable.

Comment le faire ? En utilisant, chacun et chacune, la parcelle de pouvoir qui est la nôtre, ce qui est d'ailleurs dans l'air du temps de la démocratie participative. En France, les citoyens peuvent désormais saisir le Conseil constitutionnel pour contester la constitutionnalité des lois qui leur sont appliquées, ce qui augmente sensiblement leur marge de liberté. En Europe, le traité de Lisbonne crée l'Initiative citoyenne européenne, qui, à compter de 2011, va permettre aux citoyens de l'Union de saisir la Commission s'ils estiment qu'un acte juridique de l'Union européenne est nécessaire pour appliquer les traités signés entre l'Union et ses membres. Même si les procédures risquent d'être exigeantes et compliquées pour éviter les abus et même si la Commission garde le pouvoir de juger si les initiatives européennes sont recevables, c'est un pas considérable vers une participation directe des citoyens aux affaires de la cité [1].

Si l'on est d'accord sur les conditions préalables, encore faut-il détecter ceux qui sont prêts à remettre en cause le discours dominant. Les révolutions, on le sait, mûrissent dans les esprits avant de se déclarer. Peut-être sommes-nous à ce stade où le rôle des centres de réflexion est primordial.

Les centres de réflexion

Les premiers responsables de la crise sont les économistes, qui, tout en n'étant jamais d'accord entre eux, ont soutenu d'une manière plus ou moins active le dogme d'un marché infaillible, capable de s'autoréguler. Aussi l'idée de Georges Soros – qui paradoxalement s'est enrichi en jouant sur les

---

1. Même si les procédures ne sont pas encore au point, les conditions de recevabilité pourraient comprendre entre autres que les signatures proviennent d'au moins un tiers des pays membres, atteignent un nombre minimum par pays et soient données par des personnes en âge de voter aux élections européennes. Si l'initiative est jugée recevable par la Commission, les signatures devraient encore être vérifiées par les États membres.

marchés financiers – de créer l'Institut pour la nouvelle pensée économique est une idée saine. La première conférence de l'Institut a réuni en avril 2010, à Cambridge, deux cents économistes de renom, prêts à se lancer dans la bataille du renouveau, « pour rétablir des fonctionnements et des équilibres, dont l'observation empirique montre qu'ils n'existent simplement pas et que ce sont, au contraire, l'instabilité et les déséquilibres qui caractérisent le comportement spontané des marchés »[1].

Il existe, dès à présent, de nombreux centres de recherche qui réfléchissent sur les effets et dérives de la mondialisation et le fossé croissant entre l'économie, la finance et l'éthique. Pour n'en citer que deux, c'est l'objet de la New Economic Foundation en Grande-Bretagne et de l'Observatoire de la finance en Suisse, qui ont le mérite de poser des questions que les décideurs politiques et économiques, travaillant dans un horizon de court terme, ne se posent pas toujours.

Les réflexions des uns et des autres s'unissent d'ailleurs à l'occasion des grands rassemblements comme celui du Forum social mondial, réuni pour la première fois en 2001 à Porto Allegre, au Brésil, comme une alternative sociale au forum de Davos. Il illustre l'intérêt des actions menées par les ONG, les syndicats et la société civile comme contrepoids à

---

1. « 200 Économistes contre les dogmes du marché » : article d'Antoine Reverchon dans *Le Monde de l'économie* du 27 avril 2010.

la pensée dominante. Le Forum social mondial, qui s'est réuni depuis dans différents endroits, dont le dernier, en 2009, a été Belém, a débattu des questions les plus diverses, telles que le développement durable, les droits de l'homme, la diversité, l'égalité, le pouvoir politique et ses rapports avec la société civile. Si les manifestations organisées systématiquement par les altermondialistes à l'occasion des grandes réunions internationales ont pris parfois un ton violent, autant, d'ailleurs, du côté des forces de l'ordre, que du côté des manifestants, l'idée en soi a un intérêt indiscutable et joue son rôle en influençant les débats du forum de Davos qui réunit les leaders politiques et économiques du monde, mais aussi ceux d'autres instances internationales. À titre d'exemple, la suppression des paradis fiscaux, grand thème des réunions des chefs d'État en 2009, y a été discutée dès 2001. Plus récemment, les ONG ont joué un rôle non négligeable à l'occasion du sommet de Copenhague, unissant les revendications des altermondialistes et celles des écologistes, et remettant l'homme au centre de l'environnement. En dehors du sens évident d'une telle démarche, qui correspond d'ailleurs aux principes du mouvement écologique, elle permet de rapprocher les points de vue des pays riches et ceux des pays émergents qui, avant de se préoccuper de l'environnement, souhaitent, de façon bien compréhensible, sortir de la misère. Les *think tanks* orientés sur les sciences sociales doivent travailler en lien étroit avec la recherche scientifique et technique dont les progrès dans le domaine de la biologie, des nanotechnologies, de l'énergie ou de la robotisation peuvent changer l'avenir. En intégrant les différentes facettes de la recherche, la réflexion doit comporter une composante éthique dont l'importance ne fait que croître avec la puissance de la science.

Pour disséminer les idées, il faut, bien sûr, utiliser les moyens de communication de notre époque. Aujourd'hui, la mondialisation ne touche pas seulement la grande finance et les sociétés multinationales. Grâce aux nouvelles technologies, l'information arrive de façon instantanée au fin fond de la brousse africaine ou de la toundra d'Asie centrale. Cette capacité de communication change la donne. Les réflexions menées par les intellectuels du monde entier sont accessibles à tous sur Internet. Le débat peut facilement être mondialisé.

L'université et les grandes écoles

De nombreuses universités et grandes écoles se sont engagées de manière plus opérationnelle dans la formation des cadres du développement durable et de l'entrepreneuriat social. Il existe ainsi une chaire de *Social Business* – Entreprise et Pauvreté à HEC[1] et

---

1. École des hautes études commerciales.

une chaire d'Entrepreneuriat social à l'Essec[1] ou encore l'École de l'entrepreneuriat en économie sociale, ouverte cette année à Marseille. Leur influence est importante, car elles forment les jeunes à une autre vision de l'entreprise et de l'économie. Le microcrédit est lui aussi entré à l'université. Il fait l'objet de diplômes spécifiques et de nombreux travaux de recherche. Les excès du capitalisme provoquent des réactions et un nombre croissant des jeunes tentent d'échapper à ce goût inconditionnel de faire carrière où le métro-boulot-dodo des classes ouvrières est remplacé par voiture-boulot-conso-poudre-aux-yeux des jeunes cadres. En témoigne le nombre de ceux qui viennent s'engager dans les associations pour chercher un sens à ce qu'ils font, même si leurs salaires n'ont rien à voir avec ceux du secteur privé.

Les consommateurs

Les consommateurs ont un pouvoir redoutable à travers le choix des produits qu'ils achètent. Le premier à le comprendre fut Gandhi, qui l'utilisa, dans le cadre de la désobéissance civile contre la colonisation anglaise. La promotion du tissage artisanal contre l'importation des textiles anglais, la marche vers la mer, pour s'opposer à la taxe sur le sel imposée par les Anglais, sont des moments clés de la longue lutte pour l'indépendance de l'Inde.

---

1. École supérieure des sciences économiques et commerciales.

Dans un autre domaine, le mouvement du commerce équitable [1] a démarré à grande échelle à la fin du siècle dernier, mais a connu des précurseurs dès 1940 à travers le mouvement des Ten Thousand Villages aux États-Unis, puis, à la fin des années 1950, à travers les actions d'Oxfam, développant le commerce de produits artisanaux des pays pauvres vers les pays riches. Parti des initiatives de terrain, le concept fut popularisé par la Cnuced [2] à travers le slogan « *Trade not Aid* » et se concrétisa en France par l'action des Artisans du monde à partir des années 1970. Ce n'est qu'à partir de 1990 que le commerce équitable s'est étendu aux produits agricoles, vendus d'abord dans les magasins spécialisés puis dans les supermarchés. Ce passage n'a pu être fait qu'en mettant au point des labels garantissant au consommateur la traçabilité des produits. Le premier label fut celui de Max Havelaar. D'autres labels se multiplièrent avant de se rejoindre au sein de FLO-Cert [3], pour se rapprocher des certifications ISO 65. S'organisant davantage chaque année, le commerce équitable prescrit désormais dix normes dont l'application est respectée, au Nord comme au Sud. Elles visent à améliorer les capacités et les conditions du travail des petits producteurs,

---

1. Voir notamment l'article de Wikipédia sur le commerce équitable.
2. Conférence des Nations unies sur le commerce et le développement.
3. Fair Trade Labelling Organizations.

en leur offrant en même temps des occasions commerciales nouvelles à un prix plus juste.

L'impact du commerce équitable progresse d'année en année : son chiffre d'affaires est passé de 220 millions en 2000 à 2,4 milliards en 2007[1]. C'est encore une part minuscule du commerce mondial, mais ce qui compte, c'est la tendance et l'entrée du label dans le commerce conventionnel. Cette infiltration se traduit d'abord par le fait que le label ne s'applique pas uniquement aux organisations de petits producteurs qui s'engagent à se structurer pour assurer une gestion transparente et démocratiquement contrôlée par leurs membres ainsi qu'à respecter un ensemble de critères sociaux et environnementaux. Il s'applique également aux exploitations privées dans la mesure où elles respectent les mêmes critères. La prime est alors versée à un comité paritaire pour être utilisée au bénéfice des travailleurs ou des communautés locales. Elle se traduit ensuite par le fait que tous les maillons de la filière équitable – organisations de producteurs du Sud, importateurs, industriels – sont agréés et contrôlés. Elle se manifeste, enfin, à travers l'extension progressive du rayon « commerce équitable » dans les supermarchés.

---

1. Étude sur le commerce équitable en France en 2007, parue en 2009.

Les épargnants

Le troisième groupe des *stake holders* est celui des épargnants. À l'heure d'une communication mondialisée, le slogan : « Épargnants de tous les pays, unissez-vous ! » pourrait avoir plus d'effet que « Prolétaires de tous les pays, unissez-vous ! » n'a eu il y a cent cinquante ans. L'Association pour la défense des actionnaires minoritaires (Adam), dirigée en France, avec beaucoup de vigueur, par Colette Neuville, pourrait s'allier avec des associations du même type dans d'autres pays où les petits épargnants sont tout autant dindons de la grande farce de la finance spéculatrice. Les plaintes déposées en justice contre les comptes inexacts, les informations erronées, les dividendes fictifs dans plusieurs pays pèseraient beaucoup plus lourdement sur le comportement des institutions financières. Dans le cas d'Adam, il a suffi d'une personnalité charismatique et d'une petite structure de trois personnes, alliant compétence et engagement, pour faire gagner en quatorze ans 2,3 milliards d'euros à ses adhérents et au marché en menant une action strictement conforme à la loi [1]. Colette Neuville définit le champ d'action de l'association sans la moindre ambiguïté : « Notre rôle n'est pas de fédérer des victimes, mais de défendre les intérêts financiers des investisseurs, notamment ceux des actionnaires minoritaires, en

---

1. *Challenges*, 19 juin 2006.

leur faisant jouer leur rôle d'actionnaire et en obligeant les entreprises à respecter les régles du jeu. »
C'est en menant des actions concrètes et limitées, aussi incontestables du point de vue financier que du point de vue juridique et éthique, qu'elle arrive à influencer le fonctionnement du marché et à faire évoluer les lois.

Les salariés et les entreprises

Les salariés ont de plus en en plus leur mot à dire. Leur malaise, face aux nouvelles formes de management liées à la mondialisation, prend parfois des formes extrêmes de maladie ou de suicide qui défraient la chronique et les entreprises ne peuvent pas ne pas en tenir compte, tant pour des raisons humaines que pour des raisons de compétitivité. Les salariés ont besoin de sécurité, qui est de plus en plus difficile à garantir dans une période de mutation économique, mais ils ont besoin aussi de créativité et de sens. Et ce sens, ils ne le trouvent pas dans le cadre d'une entreprise soumise aux seuls critères du profit. Comment changer la donne : ne pas essayer d'adapter les travailleurs à l'organisation, mais, au contraire, concevoir une organisation qui tienne compte de la richesse potentielle des apports de chacun et qui permette à tous de s'épanouir dans le travail ? Dans un monde dont les dimensions ont changé, où l'organisation et le fonctionnement interne de l'entreprise ont évolué en même temps que les conditions de la concurrence, il n'est pas possible de ne pas revoir l'ensemble des problèmes dans le cadre d'un dialogue interne, mais aussi dans un cadre plus large, associant ceux qui voient différemment et ceux qui voient plus loin. Le drame des salariés dans ces temps nouveaux, où l'entreprise a soit démesurément grandi, soit se trouve petite et impuissante face à un horizon trop lointain, est qu'ils ont perdu leur cadre collectif et leurs repères communs. Les enjeux et les solutions ne sont plus les mêmes, sans que l'on sache très bien ce qu'ils sont. Le Code du travail ne correspond plus à la situation. Le discours des syndicats de salariés a autant besoin de se rénover que celui des syndicats patronaux. Un discours n'est crédible que s'il correspond à la réalité et ce que chacun voit aujourd'hui, c'est le changement trop rapide des technologies et des méthodes par rapport à la formation dont bénéficient les salariés, la compétition internationale, le chômage qui monte, l'inquiétude qui s'accroît et touche autant les patrons des PME que leurs collaborateurs. Paradoxalement, la solution viendra pour partie du prolétariat des économies émergentes dont les bas salaires attirent les entreprises européennes et les poussent à délocaliser leur production au détriment de leurs propres salariés. Les grèves menées en Asie par les ouvriers qui refusent de se laisser exploiter et souhaitent, eux aussi, bénéficier des fruits de la croissance vont se multiplier au fur et à mesure que ceux-ci s'organisent, d'autant plus que la richesse du monde est en train de basculer du Nord au Sud et à l'Est. D'après les prévisions de l'OCDE[1], la part du produit brut mondial des pays développés, qui était de 60 % en 2000, ne sera plus que de 43 % en 2030. La crise a joué un rôle d'accélérateur. Il n'est que normal que, dans une économie mondialisée, les revenus se rapprochent. Pour la France, la vraie question est de savoir si elle se place dans le camp des perdants, ou si elle s'adapte à cette nouvelle donne, en exploitant, avec les avantages comparatifs qui sont les siens, les nouveaux marchés qui s'ouvrent à travers le monde.

Les microentrepreneurs

Parallèlement à l'action des *stake holders* des grandes sociétés, le développement des microentreprises contribue à distribuer plus largement le pouvoir économique. Plus l'argent se diffuse à travers le crédit, plus ce pouvoir se démocratise ; plus l'économie de marché englobe ceux qui en sont aujourd'hui exclus, plus la base de la pyramide s'étend et se consolide, plus elle pourra influencer le sommet et appuyer l'action du pouvoir politique en faveur d'une gouvernance mondiale.

---

1. OCDE : Rapport sur le basculement de la richesse, juin 2010.

Personne ne croyait au voyage de l'homme sur la Lune, ni à l'effondrement de l'économie communiste, ni à la possibilité d'élection d'un Noir à la présidence des États-Unis. C'est arrivé. La démocratie économique peut, elle aussi, se développer, si nous sommes convaincus de la justesse de notre cause et si nous ne nous décourageons pas à la moindre difficulté.

En pratiquant la méthode de l'exemple, ce sont ceux qui entreprennent qui portent le changement, qu'ils soient associations, banques ou entreprises socialement responsables. Il ne sert à rien de faire la révolution. C'est l'exemple qui compte, celui de Danone, de Veolia ou d'Essilor à l'échelle internationale, mais aussi, en France, la patiente démonstration de l'Adie et de ses partenaires bancaires, des Jardins de cocagne ou du Relais.

Les femmes

Au sein de tous ces groupes et de beaucoup d'autres, les femmes peuvent jouer un rôle transversal important en faisant entrer dans les entreprises la double dimension d'éthique et de bon sens. Dans les débuts de leur conquête de la parité du pouvoir, elles se sont contentées de chausser les bottes des hommes et d'adopter leur modèle de management caractérisé par cette particularité virile de vouloir être toujours le plus fort. Maintenant qu'elles ont déjà mis un pied dans la place, leur apport pourrait être différent. En donnant la vie, elles sont plus soucieuses de la préserver. Elles pourraient apporter plus de calme et de sérénité dans l'univers des décideurs politiques et économiques qui a ce côté fanfaron propre aux hommes. Elles pourraient mieux éviter les excès et les abus, donner à l'argent une fonction plus humaine.

Une journaliste italienne m'a demandé un jour quelles étaient, à mon avis, les femmes qui avaient réellement participé à la direction du monde. J'ai cité quelques noms : Indira Gandhi, Isabelle d'Aragon, Mathilde di Canossa. Et je me suis aperçue, en les citant, qu'aucune d'entre elles n'avait fait autre chose que ce que les hommes auraient fait à leur place. Le grand leader qui a mené une politique de femme, telle qu'on pourrait l'imaginer, était Gandhi.

En conclusion, les Français qui se méfient des médias (72 %), des syndicats (52 %), des grandes entreprises (55 %) et des banques (63 %) pensent à 78 % que « les gens peuvent changer la société par leurs choix et leurs actions » et à 70 % « qu'ils ont la possibilité de choisir leur propre vie ». S'ils comptent d'ailleurs sur eux-mêmes, pour défendre leurs intérêts (70 %), c'est aux associations qu'ils font confiance en deuxième (46 %), loin devant les partis, les élus, les entreprises et les syndicats[1]. Il est temps de les prendre au mot en leur proposant de s'engager dans la révolution pacifique d'une société dans laquelle ils ne se reconnaissent plus.

---

1. Baromètre de la confiance politique, TNS Sofres, fin 2009.

Conclusion

La perestroïka du capitalisme

> Le mal n'est pas dans le capital. Il est dans l'utilisation qu'on en fait. Sous une forme ou sous une autre on aura toujours besoin de capital.
>
> Mahatma Gandhi

Où l'on forme un vœu pour réformer le capitalisme au service de tous les acteurs économiques, en réconciliant la démocratie et l'économie de marché.

Le communisme a su se réformer de manière pacifique et permettre de réunifier un monde coupé en deux par la Guerre froide. Ses opposants ont immédiatement considéré que c'était la victoire du capitalisme. Francis Fukuyama a déclaré que l'histoire du monde était désormais achevée. L'arrogance du capitalisme n'avait plus de limites. Pourtant il n'était pour rien dans l'effondrement de l'économie socialiste. La révolution pacifique dans les démocraties populaires a été menée de l'intérieur par un mouvement populaire et quelques leaders improbables : syndicalistes, qui se retournaient contre des États censés défendre les travailleurs, Église dont le rôle avait été nié, leaders politiques formés par le régime. La caractéristique des révolutions est que, à un moment, la peur, la soumission changent de camp, ce qui permet aux opprimés de prendre le pouvoir. Parfois, comme ce fut le cas en Russie, ce pouvoir est capté au passage par les apparatchiks de l'ordre ancien, qui, formés au maniement des idéologies, passent sans problème de l'une à l'autre, en gardant fermement la main sur les richesses, quelle que soit la direction du vent. L'énorme supériorité des révolutions pacifiques est que les opprimés d'hier ne deviennent pas automatiquement oppresseurs, car ils n'ont pas besoin de revanche. Quelques figures emblématiques ont illustré la chute du communisme : le pape Jean Paul II et son message aux Polonais : « N'ayez pas peur. » Lech Walesa qui sut utiliser l'arme de la grève ouvrière contre le parti prétendument ouvrier. Gorbatchev, qui remit en cause les dogmes du communisme et de l'impérialisme russe au nom du bien commun de la nation.

Il faut que le capitalisme arrive, lui aussi, à faire sa perestroïka. Il suffirait que d'autres figures emblématiques surgissent aujourd'hui dans le monde pour porter la réforme pacifique du capitalisme. Peut-être sont-elles déjà en place parmi les entrepreneurs qui tentent de mettre en œuvre la responsabilité sociale des entreprises et l'entrepreneuriat social ou parmi les banquiers, qui défendent le droit d'entreprendre des pauvres. Personne n'avait prévu la révolte de Solidarnosc ni la chute du mur de Berlin. Pourtant, la conférence de la Table ronde a eu lieu en Pologne et le mur est tombé. La pyramide de sable s'effondre sous l'action du dernier grain de sable. Le grain de trop. Personne ne sait arrêter les avalanches ni maîtriser les inondations. Il arrive que l'histoire s'emballe et que le sort de millions de gens bascule d'un seul coup. La crise offre une formidable occasion de réformer l'économie mondiale et de faire du XXIᵉ siècle le siècle du capitalisme à visage humain.

Le rêve serait que la démocratie maîtrise le capitalisme. Pour de vrai. Aujourd'hui la démocratie est l'habit dont se parent de nombreuses dictatures. Pour la majorité des citoyens concernés, elle n'a pas d'impact positif – bien au contraire – sur la liberté de leurs choix et la responsabilité de leur vie. C'est une combinaison perverse, où le masque de la démocratie couvre le visage d'un capitalisme aliéné au service des riches. On peut imaginer une combinaison vertueuse où une vraie démocratie politique pourrait rejoindre une économie de marché, où les pauvres comme les riches auraient accès au capital et où, au nom de la justice, l'État protégerait les petits contre les abus des grands. La démocratie économique, c'est le capitalisme apprivoisé par la démocratie, tous les deux au service de l'homme. C'est une chance d'échapper à l'enfer, dont Hobbes disait qu'il était « la vérité, perçue trop tard ».

Annexe :
La fiche signalétique de l'Adie

Nom :

Association pour le droit à l'initiative économique, qui résume le programme de l'association : donner à chacun le droit effectif d'entreprendre qui suppose accès au capital et un environnement institutionnel porteur.

Statut juridique et origine :

Association, loi 1901, reconnue d'utilité publique, créée en décembre 1988 par trois bénévoles sans capital, s'inspirant de l'expérience de la Grameen Bank au Bangladesh.

Mission :

— Financer les chômeurs créateurs d'entreprise, n'ayant pas accès direct au crédit bancaire,

— Accompagner les microentrepreneurs en amont et en aval de la création pour les aider à monter et réussir leur projet,

— Utiliser les enseignements de l'action menée en grandeur nature pour faire évoluer les lois et supprimer les obstacles institutionnels à la création d'entreprise.

Public cible :

Les microentrepreneurs financés par l'Adie sont chômeurs, allocataires des minima sociaux et travailleurs pauvres. Près de trois sur quatre perçoivent un revenu social. La part des jeunes, des femmes et des seniors est plus importante que dans la population active. Près de 7 % sont illettrés et 19 % savent à peine lire et compter, tandis que 34 % ont fait des études au-delà du baccalauréat. Tous réussissent aussi bien les uns que les autres, même si leurs activités sont différentes. L'esprit d'entreprise est la chose du monde la mieux partagée !

Secteurs d'activités :

Les plus importants sont le commerce ambulant, voie d'entrée traditionnelle dans le travail indépendant pour les plus pauvres (25 %), les services (25 %), et le petit commerce sédentaire (21 %). Les autres sont le bâtiment, la petite restauration, l'artisanat, l'agriculture, le transport, l'art et les loisirs. Compte tenu de l'absence des fonds propres, les clients de l'Adie peuvent difficilement monter des projets dont les besoins d'investissement sont importants. Le risque de surendettement est trop grand.

Croissance de l'activité depuis l'origine :

NOMBRE DE MICROCRÉDITS ACCORDÉS
PAR L'ADIE DEPUIS SA CRÉATION (1990-2009)

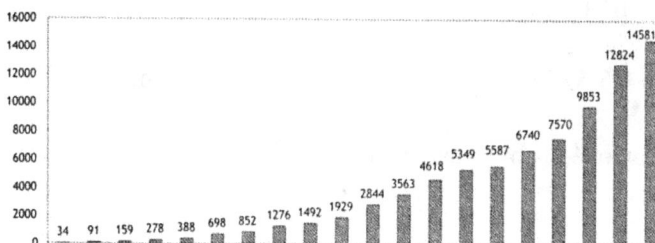

Résultats microcrédit et produits financiers en 2009 :
Encours au 31 décembre 2009 : 48 millions d'euros
Microcrédits accordés : 14 584
Taux d'impayés : 8,36 % (en augmentation à la suite de la crise)
Taux de perte : 2,21 %
Autres opérations financières :
Prêts d'honneur : 1 530
Primes régionales ou départementales : 3 862
Avances remboursables (Eden et Nacre) : 832
Microassurances en lien avec Axa et la Macif : 503

Résultats accompagnement en 2009 :
10 101 nouvelles entreprises créées
12 121 nouveaux emplois créés
 9 980 créateurs accompagnés
Taux de pérennité des entreprises créées : 65 % sur deux ans
Taux d'inclusion : 80 %

Coût moyen par entreprise créée sur l'année : 1 660 euros

Résultats depuis 1989 :
81 014 microcrédits accordés pour un montant total de 221 millions d'euros
65 527 entreprises créées et 78 632 emplois créés

Avancées obtenues en matière législative et réglementaire :

Le cadre institutionnel du microcrédit

2001 : Dans le cadre de la loi NRE[1], les institutions de microcrédit non bancaires sont habilitées à emprunter auprès des banques pour prêter.

2005 : La loi en faveur des PME supprime le plafonnement des taux d'intérêt sur les prêts professionnels. Le taux dit d'usure qui plafonnait auparavant autour de 7 %, était incompatible avec le coût élevé du microcrédit.

2008 : La LME[2] prévoit l'extension du champ d'habilitation des IMF, pour permettre aux associations d'accorder des prêts professionnels aux entreprises comptant au maximum 3 salariés. Les associations habilitées peuvent également accorder des prêts non professionnels pour la réalisation de projets d'insertion par des

---

1. Loi sur les nouvelles régulations économiques.
2. Loi sur la modernisation de l'économie.

personnes physiques. À l'Adie, ces prêts, appelés micro-crédits personnels pour l'emploi, visent à favoriser le retour ou le maintien en emploi salarié des personnes n'ayant pas accès au crédit bancaire.

2008 : La LME ouvre l'accès aux fichiers de la Banque de France (FCC[1] et FICP[2]) aux associations de micro-crédit habilitées. Pour l'Adie, la connaissance de la situation financière des emprunteurs est importante dans l'appréciation du risque.

2010 : La loi sur le crédit à la consommation élargit les sources de financement des IMF habilitées. Les personnes physiques pourront désormais accorder des prêts à taux 0 aux organismes de microcrédit habilités.

Le cadre institutionnel des microentreprises et du travail indépendant.

2005 : La création d'entreprise est reconnue comme une voie d'insertion par la loi de programmation pour la cohésion sociale. Dans la pratique, les actions menées en vue de créer une entreprise justifient l'inscription comme chômeur et le bénéfice potentiel des indemnités chômage, y compris après le démarrage de l'activité non salariée (Aide à la reprise ou à la création d'entreprise, Arce).

---

1. Fichier central des chèques impayés.
2. Fichier des incidents caractérisés de remboursement des crédits aux particuliers.

2005 : La même loi prévoit sous certaines conditions une exonération des cotisations sociales au démarrage pour les chômeurs et bénéficiaires de minima sociaux (Accre [1]). Cette exonération devient dégressive en deuxième et troisième années.

2007 : Le bouclier social (remplacé le 1er janvier 2009 par le régime microsocial) crée un système de plafonnement des cotisations sociales des travailleurs indépendants relevant du régime fiscal de la microentreprise. Avant l'entrée en vigueur de cette mesure, le montant des cotisations sociales des travailleurs indépendants pouvait atteindre 96 % du revenu lorsque celui-ci se trouvait en dessous du seuil des cotisations minimales forfaitaires. Le bouclier social a permis de plafonner les cotisations sociales de ces entrepreneurs à 48 % du revenu.

2008 : Le régime d'auto-entrepreneur voté dans le cadre de la LME constitue une grande avancée en faveur de l'entrepreneuriat populaire. Ce régime est particulièrement intéressant pour les personnes en difficulté qui souhaitent créer leur propre activité ou officialiser une activité, jusqu'à présent exercée à titre informel.

2008 : L'article 20 de la loi de financement de la sécurité sociale pour 2008 met en place un régime de cotisations sociales très réduites (de l'ordre de 13 % des revenus) afin d'encourager l'officialisation des petites activités

---

1. Aide aux chômeurs créateurs et repreneurs d'entreprises.

indépendantes non déclarées procurant un revenu faible, plafonné à 4 560 euros/an). Les personnes concernées bénéficient d'un accompagnement administratif et financier procuré par une association agréée.

Le plan d'action pour le développement du travail indépendant, résumant les mesures qui restent à prendre, est indiqué dans le chapitre 5.

Financement :

Le financement des ressources de crédit est assuré à travers des lignes de crédit aux conditions privilégiées, par presque toutes les banques françaises et notamment, par ordre d'importance : les Banques populaires (y compris le Crédit coopératif), BNP Paribas, Crédit mutuel, Crédit agricole, Société générale, HSBC, Finama, Crédits municipaux, ainsi que par l'Épargne salariale solidaire et par les fonds propres.

Le risque est couvert à 30 % par les banques, 65 % par le Fonds de garantie d'insertion par l'économique et par le Fonds européen d'investissement.

Les coûts opérationnels du crédit et de l'accompagnement sont assurés par la marge de crédit et les subventions accordées par l'Union européenne, l'État et les établissements publics, les collectivités locales et le secteur privé.

Impact :

D'après le rapport d'IGF publié en mars 2010, le microcrédit a un effet important sur la création d'emploi. Son coût très faible correspond à une économie pour l'État de l'ordre de 2 500 euros par dossier sur trois ans.

Au-delà de cet effet direct positif sur l'économie et les finances publiques, le microcrédit contribue à ce qui manque le plus en France : le développement de l'esprit d'entreprise, la confiance et l'espoir dans l'avenir ainsi que le lien social.

Remerciements

Je voudrais exprimer ma reconnaissance à tous les auteurs morts ou vivants dont la pensée, croisée avec mes propres observations et réflexions, a nourri ce livre. J'y inclus les auteurs anonymes de Wikipédia et de l'Internet en général. Bien que je n'aie pu les citer chaque fois, ils ont été pour moi une source d'information précieuse, qu'il s'agisse des définitions clés ou des renseignements de base sur différents mouvements sociaux.

Merci à Thierry Racaud et Stéphanie Kpenou, du département des études de l'Adie, de m'avoir alimentée en chiffres et informations concernant son secteur d'activité.

Je souhaiterais remercier également tous les clients, salariés, bénévoles et partenaires de l'Adie, qui, à travers leur action, ont participé, sans le savoir, à la rédaction de ce livre.

Merci, enfin, à Frédéric Lavenir et à Emmanuel Landais pour la relecture amicale d'une première version du manuscrit, même si je reste seule responsable des jugements, omissions ou erreurs éventuelles.